走进大学
DISCOVER UNIVERSITY

什么是体育学？

WHAT IS SPORTS SCIENCE?

于素梅　王昌友　著

大连理工大学出版社
Dalian University of Technology Press

图书在版编目(CIP)数据

什么是体育学？/ 于素梅，王昌友著. -- 大连：大连理工大学出版社，2023.4
ISBN 978-7-5685-4003-2

Ⅰ.①什… Ⅱ.①于…②王… Ⅲ.①体育科学－通俗读物 Ⅳ.①G80-49

中国版本图书馆 CIP 数据核字(2022)第 233602 号

什么是体育学？
SHENME SHI TIYUXUE？

策划编辑：苏克治
责任编辑：于建辉　李舒宁
责任校对：张　泓
封面设计：奇景创意

出版发行：大连理工大学出版社
　　　　　（地址：大连市软件园路 80 号，邮编：116023）
电　　话：0411-84708842（发行）
　　　　　0411-84708943（邮购）　0411-84701466（传真）
邮　　箱：dutp@dutp.cn
网　　址：https://www.dutp.cn

印　　刷：辽宁新华印务有限公司
幅面尺寸：139mm×210mm
印　　张：8.875
字　　数：150 千字
版　　次：2023 年 4 月第 1 版
印　　次：2023 年 4 月第 1 次印刷
书　　号：ISBN 978-7-5685-4003-2
定　　价：39.80 元

本书如有印装质量问题，请与我社发行部联系更换。

出版者序

高考,一年一季,如期而至,举国关注,牵动万家!这里面有莘莘学子的努力拼搏,万千父母的望子成龙,授业恩师的佳音静候。怎么报考,如何选择大学和专业,是非常重要的事。如愿,学爱结合;或者,带着疑惑,步入大学继续寻找答案。

大学由不同的学科聚合组成,并根据各个学科研究方向的差异,汇聚不同专业的学界英才,具有教书育人、科学研究、服务社会、文化传承等职能。当然,这项探索科学、挑战未知、启迪智慧的事业也期盼无数青年人的加入,吸引着社会各界的关注。

在我国,高中毕业生大都通过高考、双向选择,进入大学的不同专业学习,在校园里开阔眼界,增长知识,提升能力,升华境界。而如何更好地了解大学,认识专业,明晰人生选择,是一个很现实的问题。

为此,我们在社会各界的大力支持下,延请一批由院士领衔、在知名大学工作多年的老师,与我们共同策划、组织编写了"走进大学"丛书。这些老师以科学的角度、专业的眼光、深入浅出的语言,系统化、全景式地阐释和解读了不同学科的学术内涵、专业特点,以及将来的发展方向和社会需求。希望能够以此帮助准备进入大学的同学,让他们满怀信心地再次起航,踏上新的、更高一级的求学之路。同时也为一向关心大学学科建设、关心高教事业发展的读者朋友搭建一个全面涉猎、深入了解的平台。

我们把"走进大学"丛书推荐给大家。

一是即将走进大学,但在专业选择上尚存困惑的高中生朋友。如何选择大学和专业从来都是热门话题,市场上、网络上的各种论述和信息,有些碎片化,有些鸡汤式,难免流于片面,甚至带有功利色彩,真正专业的介绍尚不多见。本丛书的作者来自高校一线,他们给出的专业画像具有权威性,可以更好地为大家服务。

二是已经进入大学学习,但对专业尚未形成系统认知的同学。大学的学习是从基础课开始,逐步转入专业基础课和专业课的。在此过程中,同学对所学专业将逐步加深认识,也可能会伴有一些疑惑甚至苦恼。目前很多大学开设了相关专业的导论课,一般需要一个学期完成,再加上面临的学业规划,例如考研、转专业、辅修某个专业等,都需要对相关专业既有宏观了解又有微观检视。本丛书便于系统地识读专业,有助于针对性更强地规划学习目标。

三是关心大学学科建设、专业发展的读者。他们也许是大学生朋友的亲朋好友,也许是由于某种原因错过心仪大学或者喜爱专业的中老年人。本丛书文风简朴,语言通俗,必将是大家系统了解大学各专业的一个好的选择。

坚持正确的出版导向,多出好的作品,尊重、引导和帮助读者是出版者义不容辞的责任。大连理工大学出版社在做好相关出版服务的基础上,努力拉近高校学者与

读者间的距离，尤其在服务一流大学建设的征程中，我们深刻地认识到，大学出版社一定要组织优秀的作者队伍，用心打造培根铸魂、启智增慧的精品出版物，倾尽心力，服务青年学子，服务社会。

"走进大学"丛书是一次大胆的尝试，也是一个有意义的起点。我们将不断努力，砥砺前行，为美好的明天真挚地付出。希望得到读者朋友的理解和支持。

谢谢大家！

苏克治
2021 年春于大连

自 序
体育——因人的运动而生

　　现代奥运会发源地古希腊曾流传着一种说法:"人是天生的体育动物",运动是生命有机体的存在方式。体育运动随处可见,从刚会走路的幼儿到八九十岁的老者,都与体育运动息息相关。帕斯卡尔在《帕斯卡尔思想录》中曾说:"人生的本质就在于运动,安谧宁静就是死亡。"体育因人的运动而生,离开人的运动,无以为体育;人以身体为媒介进行运动,进行运动后反馈于人。体育运动的产生、发展、变化,也随着人类的进化而不断推陈出新,处处彰显着人类自身进化的需要、人所组成的人类社会的群落需求。

体育何以成学？

体育学最初只是以身体活动的形式融于劳动、战争、宗教、乐舞中，并没有一个专门、完整的体育知识体系。随着社会的发展进步，在欧洲文艺复兴、宗教改革和思想启蒙运动中，以体操为代表的体育运动在全世界开始传播。我国在教会学校中，开设了专门的体育课，从最开始舶来的体育课程，逐渐形成独立探索的体育学学科，最后创生繁荣为具有特色的体育学知识体系。体育学不仅诠释着如何进行科学体育锻炼、如何提高运动成绩、如何通过体育运动培养健全人格的生活表象；也孕育着运动改造世界、体育影响世界的科学宇宙。

体育何以谓学？

体育学作为研究人类体育活动中体育现象、规律及本质的科学知识体系，有着宏观上的知识体系，也有着中观上的学科结构，还有着微观上的课程内容，共同记录着社会发展与人类进步，体现了综合国力和社会文明程度。我国体育学不断丰富完善和创新发展的同时，也形成了学士——硕士——博士完整的体育人才培养体系，并建立了专门培养体育人才的体育高等院校和综合性大学的体育学院（系），在国家需求和人民需要的方向上培养出更多高质量体育人才。

体育何以为业？

体育最初只是人们在闲暇时间参与的娱乐休闲活动。随着人们对美好生活品质和幸福人生追求的意愿日益强烈，体育产业成为经济转型的新增长点愈发重要，体育国际影响力更加显著，体育职业也逐渐得到国人认同，并逐步由职业上升为事业。《中华人民共和国职业分类大典（2022年版）》明确体育相关职业包括十多类。习近平总书记曾指出："要把发展体育工作摆上重要日程，精心谋划，狠抓落实，不断开创我国体育事业发展新局面，加快把我国建设成为体育强国。"

体育何以可为？

新时代在"教育强国""体育强国""健康中国"等国家战略的推进，新兴学科和交叉学科快速兴起的背景下，融人文科学、社会科学、自然科学和运动科学于一体的体育学将在前沿交叉科学和未来技术领域有着新的发展，在提高人民身体素质和健康水平、促进人的全面发展，丰富人民精神文化生活、推动经济社会发展，激励全国各族人民弘扬追求卓越、突破自我的精神方面，发挥不可替代的重要作用。

本书意图

"体育承载着国家强盛、民族振兴的梦想。体育强则中国强,国运兴则体育兴。"本书从基础篇:体育学缘起、理论篇:体育学体系、应用篇:体育学发展进行了介绍,引领读者全面系统了解体育学。希望更多学子、学者和教师认识、了解体育学,积极而精准地投身到体育事业中,为现代化体育强国建设和中华民族伟大复兴贡献中华儿女的体育力量。

于素梅
2022 年 6 月于中国教育科学研究院

目 录

基础篇　体育学缘起

人、身体、运动——体育学的本质 / 3
人的体育运动 / 4
　　人的体育运动需要 / 5
　　人的体育运动分类 / 11
　　人的体育运动演绎 / 18
体育运动的人 / 22
　　"人化物" / 22
　　促进人的社会化 / 25
　　促进人的现代化 / 27

健身、竞技、教育——体育学的表象 / 30

如何进行科学体育锻炼——健身 / 30
科学健身的安全保障 / 31
科学健身的有效方案 / 34
科学健身的保持 / 38

如何提高运动成绩——竞技 / 39
如何提高竞技能力——运动训练 / 39
如何取得优异名次——运动竞赛 / 46

如何培养健全人格——教育 / 50
促进系统认知,形成健康人格 / 50
调控情绪情感,塑造健康性格 / 52
强化品行意志,养成个体人格 / 54

舶来、转化、创生——体育学的源说 / 56

外部舶来:引进学习阶段 / 56
借鉴德日的课程化 / 58
效仿欧美的学制化 / 59
接受苏联的体育理论体系 / 61

内部转化:独立探索阶段 / 64
体育学科设置逐渐成熟 / 64
体育科学学会形成体系 / 65
体育教材和专著大量涌现 / 66

体育学学术期刊迅猛发展 / 67
创生繁荣：世界交融阶段 / 68
　　纳入哲学社会科学规划 / 69
　　进入世界一流学科建设名单 / 70
　　体育学学术期刊国际化 / 70

改造、影响——体育学的宇宙 / 72
　运动改造人类 / 73
　　运动改造大脑 / 73
　　动作生成世界认知 / 77
　体育影响世界 / 80
　　体育与政治 / 81
　　体育与经济 / 83
　　体育与科技 / 86
　　体育与文化 / 94

理论篇　体育学体系

宏观：体育学知识 / 103
　体育运动知识 / 104
　　体育运动中的默会知识 / 105

体育运动默会知识的转化 / 107

体育制度知识 / 108
　　机构设置 / 108
　　体育体制框架 / 109

人文体育知识 / 111
　　人文体育的内涵 / 112
　　人文体育的价值维度 / 113
　　人文体育教育内容体系 / 114

中观：体育学学科 / 116

体育人文社会学 / 119
　　体育人文社会学的性质 / 119
　　体育人文社会学的研究方向与内容 / 119
　　体育人文社会学的知识热点 / 121

运动人体科学 / 122
　　运动人体科学的性质 / 122
　　运动人体科学的研究方向与内容 / 122
　　运动人体科学的知识热点 / 125

体育教育训练学 / 125
　　体育教育训练学的性质 / 125
　　体育教育训练学的研究方向与内容 / 125
　　体育教育训练学的知识热点 / 127

民族传统体育学 / 127

　　民族传统体育学的性质 / 127

　　民族传统体育学的研究方向与内容 / 128

　　民族传统体育学的知识热点 / 130

微观：体育学课程 / 131

体育概论 / 132

　　体育概念与体育功能 / 132

　　体育目的实现途径 / 133

　　体育研究 / 136

学校体育学 / 139

　　学校体育 / 139

　　体育课程与教学 / 143

　　课外体育 / 146

　　体育教师 / 148

竞技体育学 / 148

　　竞技体育的起源与发展 / 149

　　竞技运动员 / 151

　　竞技体育的演进 / 155

社会体育学 / 157

　　社会体育理论 / 158

　　各领域体育 / 161

体育锻炼 / 163

重点人群体育 / 166

应用篇　体育学发展

授业：高等院校体育人才培养 / 171

体育类本科生培养 / 172

专业设置与开设院校 / 172

培养规格要求 / 181

体育类硕士生培养 / 183

体育类学术型硕士培养 / 184

体育类专业型硕士培养 / 191

体育类博士生培养 / 199

培养院校 / 199

培养规格与要求 / 200

从业：体育学就业导向 / 205

体育教学人员 / 211

体育教学人员需求情况 / 212

体育教学人员就业情况 / 213

社会体育指导员 / 215

　　社会体育指导员需求情况 / 215

　　社会体育指导员从业情况 / 217

体育学研究人员 / 219

　　体育学研究人员需求情况 / 219

　　体育学研究人员从业情况 / 221

运动防护师 / 222

　　运动防护师需求情况 / 222

　　运动防护师从业情况 / 224

教练员、裁判员、运动员、体育经理人 / 225

　　教练员、裁判员、运动员、体育经理人需求情况 / 225

　　教练员、裁判员、运动员、体育经理人从业情况 / 227

体育产业相关从业者 / 228

　　体育产业相关从业者需求情况 / 228

　　体育产业相关从业者从业情况 / 230

发展：体育新兴事业 / 232

体育与大健康 / 233

　　"体医融合"促进康复事业发展 / 233

　　"体卫融合"促进健康购买 / 235

　　"全民健康"促进"体育＋生态康养" / 237

体育与 AI 数字科技 / 238
　　体育与 AI 数字科技发展的政策支持 / 239
　　体育与 AI 数字科技发展的前景分析 / 240
体育与文创 / 243
　　体育与文创发展的政策支持 / 244
　　体育与文创发展的前景分析 / 244

参考文献 / 248

后　记 / 260

"走进大学"丛书书目 / 263

基础篇

体育学缘起

体育学究竟是什么，一直以来都是广大专家、学者、科研工作者，以及体育爱好者探究的问题。《世界体育宣言》《中国大百科全书·体育》《体育科学词典》等各类辞书都对体育学进行了阐释。随着时代变迁与社会更新，"体育"的外延不断拓展，挑战着原有的概念。因此，对体育学的阐释也就仁者见仁、智者见智。既然现有的解释和归纳无法做到以一概全，我们不如从体育学的缘起来解析体育学是什么：从人、身体、运动体育学的本质，到健身、竞技、教育体育学的表象，再到舶来、转化、创生体育学的源说，最后到改造、影响体育学的宇宙去窥探未来，从古到今、从表象到本质来进行深度探究。

人、身体、运动——体育学的本质

> 静止便是死亡，只有运动才能敲开永生的大门。
>
> ——泰戈尔

"学"，即学问、学说、学派。从其词源来说，"学"在中国古代已有之。如《庄子·天下》曰："百家之学，时或称而道之。"《汉书·丁宽传》曰："王孙授施雠、孟喜、梁丘贺。繇是《易》有施、孟、梁丘之学。"[①]在中文语境中，"学"泛指一切知识、学问、学说，因此体育学是一种研究体育的知识体系、学问、学说。

世界上很多国家对体育学概念进行了阐释，由于各

---

① 广东、广西、湖南、河南辞源修订组，商务印书馆编辑部编.辞源[M].北京：商务印书馆出版，1995：04，31.

国对体育学的研究视角与认识角度不同,对体育学的界定可谓众说纷纭。对于体育学,在国际上《美国人体运动学》认为它是一门人类在竞技和锻炼领域应用的综合学科;美国体育科学和体育科学院(AAKPE)认为,体育学是研究多种形式的身体活动的科学;在国内,《中国大百科全书·体育》认为,体育学是研究体育科学体系及其发展方向的一门学科[1];《体育科学词典》中以体育科学词条代替了体育学。其实争论与探究体育学是一门学科、科学还是学说,实际意义不大,不仅无助于事情的解决,还有复杂化、适得其反之嫌,倒不如从体育学的研究对象入手,其主客体为同一的人,人以身体为媒介进行运动,运动反馈、作用于人,从人的体育运动与体育运动的人的角度来进行阐释,更有助于对体育学的认识。

▶▶ 人的体育运动

现代奥林匹克运动的发源地是古希腊,在城邦时代,古希腊将城邦人定义为"天生的体育动物",倡导通过运动来探寻身体与灵魂,从而达到"认识自己"的目的。运

---

[1] 中国大百科全书总编辑委员会《体育》编辑委员会.中国大百科全书·体育[M].北京:中国大百科全书出版社,1982:12,361.

动是生命有机体的存在方式,身体运动是动物的天性,亦是从动物进化而来的人的天性。体育因人的运动而生,离开人的运动(活动),就无所谓体育。运动存在于万千事物之中,以人的意志为转移,能为人的本质力量而服务,其服务于体育时,才被称为人的体育运动。

➡➡ **人的体育运动需要**

体育是人特有的行为,体育运动随着人类的进化而不断推陈出新,处处体现出人类自身进化的需要、人所组成的人类社会的群落需求。马克思把人的需要分为生存、享受、发展需要三个层次[①]。其后,美国心理学家马斯洛在《人类动机理论》中提出了人的需求层次理论,认为人的需求包括生理、安全、归属和爱、自尊、自我实现五层次,尽管他后来又补充提出了认知和审美两个层次,但是大家广泛认同的还是五层次需求理论,而将后两层次归在五层次以内。需求和需要虽然大部分情况可以互通,都代表着人的愿望和愿景,但是也有一定的区别,需求是有能力支付的愿景,没有能力支付的需要就不能被称为需求。在很多情况下,体育运动是人的一种需要,不一定

---

① 中共中央著作编译局.马克思恩格斯全集[M].北京:人民出版社,1972:372.

需要支付或者购买，在马斯洛需求层次理论中的归属和爱，重要的是付出爱和接受爱的能力，是情感的回应和人之间的沟通，因此是否有支付能力就显得微不足道，人的本性需要停留在需要层次，而是否转化为需求也不足论道。因此，用需要来阐述人的体育运动，更贴合人的基本需要与本能。

✢✢ 人的体育运动之生理需要——生命种族延续

在原始社会，个体只有身体强壮、运动本领优越才能夺得食物和交配繁衍后代的生存权利。虽然夺取食物、抢占栖息地的原始野蛮行径，在人类进化中得到净化，但是身体运动能力作为优势基因在人类进化中得以保留，并随着人类生存方式的改变而变化。当前，刀耕火种的原始生活方式已被现代化科技文明所取代，运动的减少导致现代人类"文明病"的蔓延，影响到人类的生理健康与生存。根据相关调查，2020年，我国青少年学生体质健康优良率仅为33%；青少年总体近视率高达52.7%，脊柱侧弯的青少年超过500万人……高血糖、高血压等"文明病""富贵病"也逐渐低龄化，《应征公民体格检查标准》一降再降，其视力标准处于重度视力不良的临界点。由此可见，如果对能有效增强人民体魄的体育运动不加以重视，那么国家安全将受到危害，甚至殃及子孙后代。

体育运动是人类维持生存的手段和工具。人类生命本能中的运动需求为现代体育运动的蓬勃发展注入了不竭的强大动力。体育锻炼包括走、跑、跳、投、滚、翻、攀、爬、钻等九大基本运动模式和技能,如今,上到八九十岁的老人,下到刚会走路的幼儿都重视体育运动,以维持与促进身体机能;游泳等关乎人类生命安全的专项体育运动也成为人类习得生存技能的基本需要。

✢✢ 人的体育运动之安全需要——和平环境塑造

生理需要得到基本满足后,安全的需要开始成为优势需要,个人安全和国家安全成为直接需要。为保证国家安全和社会的稳定秩序,体育运动最初作为士兵教育的核心内容出现在军事体育中,成为保卫国家的重要手段。在西方历史上,斯巴达的孩子,不论男女,从小开始接受体育训练,到成年再接受正规的军事训练,为战争做好后备力量准备。直至今日,军事体育仍然以一种特殊形态存在于体育运动之中,例如每四年一届的世界军人运动会已成功举办七届。

体育运动已成为和平、友谊和团结的象征,用以构筑对外的和平大环境,对内的安全小环境。2003年联合国190个会员国签订奥林匹克停战协定,共同长久维护世界

和平，构筑安全和谐大环境；在大环境安全的前提下，还需要构筑体育运动场所的安全小环境，通过规则的限定、裁判的执法、道具的保护等一系列保障措施，人们建立起规则意识，安全享受体育运动。

❖❖ 人的体育运动之归属和爱的需要——团体群落组成

人在生理、安全需要得到满足后，归属和爱的需要逐渐成为优势需要。人属于社会性群体，具有群居的社会属性。在远古时期，人类聚居在一起，打猎、住山洞，建立族群部落。人的群居特性、团体归属基因也深埋在个体的身体和意识中，在体育运动中展现。人们在体育运动中寻找爱好相投或目标相同的人，建立一种运动关系，组成团队，获得归属感和集体感；在体育运动的互动关系中付出和接受感情，实现爱的表达和需要。

现实中，人们进行的体育运动很多都是以团队的形式展开的：一是直接以团队项目形成体育运动，比如足球、篮球、排球等团队性运动；二是个人项目的团队组成，有人陪练，有人指导，有人给予帮助等，个人项目逐渐由小众走向大众，自发性的群体性体育运动愈发广泛，比如城市夜跑、迷你马拉松等。在团队基础上，逐渐衍生出各类体育运动俱乐部，既有职业俱乐部，也有业余爱好俱乐部。这些俱乐部为人们提供体育运动场所和技术指导，将拥有同样爱好的人聚集在一起，形成具有标志性的独特的俱乐部文化，彼此间的交流使人们归属和爱的需要得到满足。体育运动中，诸多职业运动员一生一城、一生一队的终身荣誉与成就，都是对归属和爱的需要的最好体现。

❖❖ 人的体育运动之自尊需要——公平竞争设置

人们长期处在团体和群落中，情感归属逐渐稳固，在此基础上个人在团队中的自尊需要就成为优势需要，需要建立一定程度上的本领和自由优势，在他人的尊重中获得地位和荣誉。人们在自身获得尊重的同时，也需要尊重他人。体育运动是实现自尊行为和他人尊重的重要途径，早在古希腊时期，城邦人通过竞技比赛显示自身的本领，成为荣誉的获得者，甚至日后能借此成为统帅。在现代体育运动中，获得他人尊重，是有一定条件的，要么是具有让人信服的体育运动能力，要么是具有让人敬佩的体育道德风尚。让人信服的体育运动能力或者让人敬佩的体育道德风尚，往往只有在平等的条件下才能体现。

因此，人们尽量去创造公平竞争的统一规则，这样才能够满足自尊的需要，在运动水平等级的提升中获得自

尊和他尊。比如在现代体育运动中,同一运动项目根据性别、年龄、水平等条件设置不同级别的比赛,既有专业组也有业余组,既有成年组也有青年组,既有新秀组也有明星组,如此等等。同一级别的公平竞争,极大地满足了人们的自尊需要,也极大地激发了人们获得尊重和友谊的愿望。

✦✦ 人的体育运动之自我实现需要——进化、完善、超越

自我实现的需要是指人们追求实现自己的能力或者潜能,并使之完善。自我实现的需要根据个人的追求不同,可以是绝对的自我实现,也可以是相对的自我实现。绝对的自我实现是对历史和他人的一种超越,相对的自我实现是能够达到自我设定的目标,并使之完成,得到完善即可。人的一生都在不断追求,从生活需要、安全需要的满足,再到归属和爱的需要的满足,都是不断地自我实现。

人的体育运动亦是如此,从"更快、更高、更强、更团结"的奥运格言不难看出,每一次运动都是一种超越与自我实现。"奥运会挑战的是人类的极限,残奥会挑战的是生命的极限"。在奥运会、残奥会历史上,既有超越人类极限的各项奥运纪录,也有超越自己的个人追求:116 年

来，奥运男子百米跑成绩提高了 2.37 秒，从 1896 年认为破 10 秒是人类极限，到 2012 年 9.63 秒的世界纪录诞生，每一次 0.01 秒的突破，至少需要 3 年时间。北京冬奥会上德国速滑选手克劳迪娅·佩希施泰因（Claudia Pechstein）已年近 50 岁，虽然在比赛中排名并不理想，但她并不难过。在接受采访时，她说："今天我的目标实现了，我参加了我的第八届奥运会，这对我来说很重要。比赛的结果并不那么重要，能够拿到参赛资格来到冬奥赛场上我就非常自豪了。"从竞技体育场到普通健身运动场所，人们的每次挥汗和每次超越，都是一次自我实现和完善。

➡➡ 人的体育运动分类

分类是科学研究的基础，人的体育运动项目种类繁多，对其科学分类有助于对人的体育运动进行更好的研究。根据人们运动的不同需求、运动项目的不同特征、不同场域项目的应用，其项目分类不尽相同，下面对常见的体育运动项目分类进行介绍。

✣✣ 按照运动需求分类

运动需求是人们对运动的实际需要，基于实际需要选择运动项目是最直接、也是最有效地满足运动兴趣和

形成终身体育运动技能的前提。笔者依据马斯洛的需求层次理论、运动项目的功能定位、运动需求的研究进展、运动需求的现实判断等建构运动需求理论框架,从生存、生活、传承、审美、竞争、挑战六项需求对学校体育运动项目进行重新归类。对学校体育运动项目进行重新分类,不仅是体育课程理论的需要,更是大中小幼体育课程一体化有效实施的需要。

根据运动需求理论,运动需求可分为基本需求、发展需求、成就需求三个层次,各层次分为两类需求,其中基本需求分为生存需求(游泳等)和生活需求(田径、体操);发展需求分为传承需求(武术、舞狮、舞龙、竹竿舞等)和审美需求(健美操、排舞、啦啦操、瑜伽等);成就需求分为竞争需求(篮球、足球、排球、五体球等)和挑战需求(攀岩、蹦极、跑酷、极限轮滑等)(图1)。

❖❖ 按照运动项群分类

项群是指运动项目的类属聚合,田麦久开创了"项群训练理论",在竞技体育运动中依据项群理论,为运动项目建构三种分类体系,即按竞技能力的主导因素分类;按运动成绩评定方法分类;按运动项目动作结构分类。

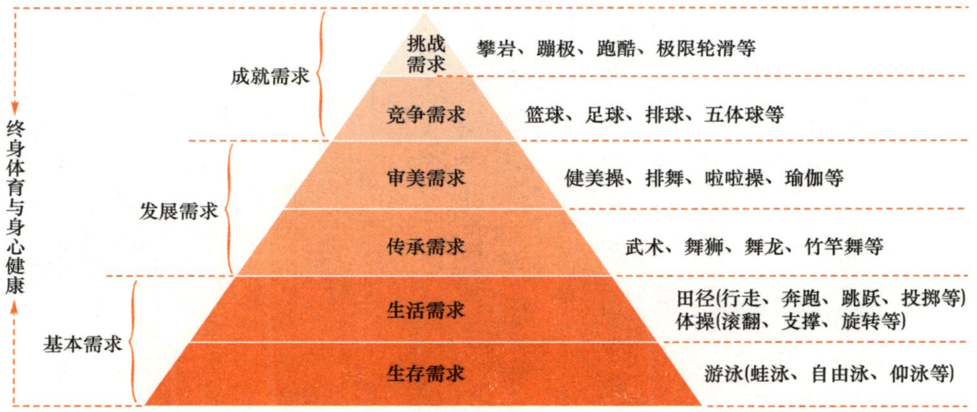

图1 运动需求分类

挑战需求：攀岩、蹦极、跑酷、极限轮滑等
竞争需求：篮球、足球、排球、五体球等
审美需求：健美操、排舞、啦啦操、瑜伽等
传承需求：武术、舞狮、舞龙、竹竿舞等
生活需求：田径(行走、奔跑、跳跃、投掷等)、体操(滚翻、支撑、旋转等)
生存需求：游泳(蛙泳、自由泳、仰泳等)

成就需求 — 终身体育与身心健康
发展需求
基本需求

人、身体、运动——体育学的本质

13

按竞技能力的主导因素可把竞技项目分为体能主导类、技能主导类、技心能主导类、技战能主导类。其中,体能主导类又分为力量性亚类(跳跃、投掷、举重);速度性亚类(短距离跑、短游、短距离速滑、短距离赛场自行车);耐力性亚类(中长距离走、跑、速滑,中长距离游泳,越野,滑雪,中长距离自行车)。技能主导类主要是唯美表现性亚类(竞技体操、艺术体操、跳水、武术套路、运动技巧、花样滑冰、花样游泳);技心能主导类主要是准确性亚类(射击、射箭、弓弩)。技战能主导类分为隔网对抗(乒乓球、羽毛球、网球、排球),同场对抗(足球、篮球、手球、冰球、水球、曲棍球)、格斗(摔跤、柔道、拳击、击剑、武术散打)、轮换攻守(棒球、垒球、板球)四个亚类(表1)。

表1　按竞技能力的主导因素分类

大类	亚类	项目
体能主导类	力量性	跳跃、投掷、举重
	速度性	短距离跑(100米、200米、400米),短游(100米),短距离速滑(500米),短距离赛场自行车
	耐力性	中长距离走、跑、速滑,中长距离游泳,越野,滑雪,中长距离自行车

(续表)

大类	亚类	项目
技能主导类	唯美表现性	竞技体操、艺术体操、跳水、武术套路、运动技巧、花样滑冰、花样游泳
技心能主导类	准确性	射击、射箭、弓弩
技战能主导类	隔网对抗	乒乓球、羽毛球、网球、排球
	同场对抗	足球、篮球、手球、冰球、水球、曲棍球
	格　斗	摔跤、柔道、拳击、击剑、武术散打
	轮换攻守	棒球、垒球、板球

按运动成绩的评定方法可把竞技项目分为测量类、评分类、命中类、制胜类及得分类五大类,其中测量类包括田径、游泳、速度滑冰、滑雪、骑自行车、举重等;评分类包括竞技体操、艺术体操、技巧运动、跳水、花样滑冰、花样游泳、武术等;命中类包括无防型(射箭、射击)和设防型(篮球、手球、足球、水球、曲棍球、冰球、击剑);制胜类包括摔跤、柔道、拳击、跆拳道;得分类包括乒乓球、羽毛球、网球、排球(图2)。

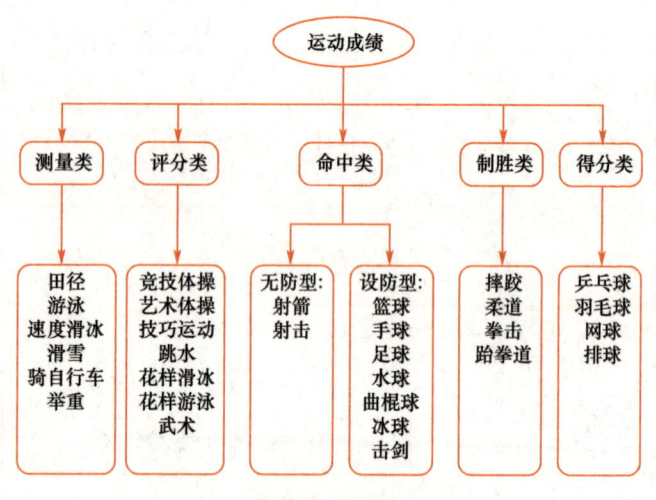

```
                        运动成绩
    ┌──────┬──────┬──────┼──────┬──────┐
  测量类  评分类  命中类        制胜类  得分类
    │      │    ┌──┴──┐      │      │
    │      │  无防型 设防型    │      │
    │      │    │     │       │      │
   田径  竞技体操 射箭 篮球    摔跤  乒乓球
   游泳  艺术体操 射击 手球    柔道  羽毛球
  速度滑冰 技巧运动      足球    拳击  网球
   滑雪   跳水        水球    跆拳道 排球
  骑自行车 花样滑冰     曲棍球
   举重   花样游泳      冰球
          武术         击剑
```

图 2 按运动成绩的评定方法分类

按运动项目的动作结构可把竞技项目分为单一动作结构、多元动作结构、多元组合结构三大类。单一动作结构分为周期性（跑、竞走、游泳、骑自行车等），非周期性（铁饼、铅球、举重等），混合性（跳高、跳远、标枪、撑杆跳高等）三大类；多元动作结构分为固定组合类（体操、花样滑冰等）和变异组合类（篮球、手球、曲棍球等）；多元组合结构包括同属多项组合（田径男子十项和女子七项全能、体操全能等）和异属多项组合（现代五项、冬季两项、铁人三项等）。

❖❖ 世界体育运动项目分类

现代世界体育运动花团锦簇,许多大类运动项目又派生出新的项目,仅现代奥林匹克运动会项目就达 448 项,其中 2022 年北京冬季奥运会共设 7 个大项,15 个分项,109 个小项;2020 年东京夏季奥运会设 33 个大项,339 个小项。还有很多非奥运项目、非物质文化遗产项目等,比如以民族传统体育项目为主体的国家级体育非物质文化遗产项目就达到了 279 项。传统项目的传承与新项目的不断产生,给体育项目分类提出了新的挑战,李江根据各项目运动环境、运动器材和主要特征提出了"门、纲、目、科、属、种"新分法,将世界体育运动项目大体分为 11 类,即田径、体操、球类、水上、冰雪、武术、重竞技、军体、娱乐、民间、其他类(表 2)。

表 2　　　　　　世界体育运动项目分类表

类别	项目举例
田径	田赛、径赛、公路赛、越野赛、全能运动、室内田径、健身跑等
体操	基本体操、竞技体操、艺术体操、团体操、体育舞蹈、健美操、蹦床等
球类	篮球、台球、板网球、壁球、巧固球、声球等

(续表)

类别	项目举例
水上	竞技游泳、花样游泳、实用游泳、跳水、潜水、冲浪、水下曲棍球等
冰雪	速度滑冰、花样滑冰、冰球、冰上曲棍球、冰壶、高山滑雪、雪车等
武术	长拳、八卦掌、刀术、散手、推手、短兵、枪术、棍术、形意拳等
重竞技	举重、摔跤、拳击、射箭、击剑、健美、柔道、相扑、拔河等
军体	摩托车、射击、航空、航海、跳伞、登山、无线电、越野识图、攀岩等
娱乐	垂钓、棋牌、集邮、游戏、风筝、跳绳、跳皮筋、信鸽、飞盘等
民间	卡巴迪、飞镖、投马蹄铁、套车、龙舟、秋千、珍珠球、姑娘追等
其他	汽车、自行车、手指运动、自然力锻炼、超级明星赛等

➡➡ **人的体育运动演绎**

体育运动在"西欧化"的历史背景下，毫无例外地来源于 Sport 这一主要用语。实质上，体育运动的产生和发展是一个动态的过程，无论是古老的体育运动还是现代的竞技体育运动。比如篮球运动的生活起源就是在劳作中向桃筐投桃，后来考虑天气原因便移到室内进行玩耍；进而不断进行规则的完善与设备的改进，形成有一定约束的游戏；最后演变为现代篮球运动，具有高度社会性，既有高度职业化的篮球竞赛形态，也有随处可见的健康娱乐篮球运动的形态，还有小篮球运动和成人篮球运动，等等。从其演绎的社会形态来看，可以将人的体育运动看成是从 Play 的自然玩耍，到 Game 的有约束的组织游戏，再到 Sport 高度社会化的专门化运动形态。

✥✥ Play 玩耍阶段

在西方语言中，Play 可泛指游戏，甚至可指活动，相当于 Activity[①]，但早在 100 年前格里夫斯就在《竞技哲学》(A Philosophy of Sport)一文中指出，英文中有一些词有着丰富的词义，比如"游戏"（Game）和"玩耍"（Play）[②]。从体育运动原始形态的发展来看，在实用性上"玩耍"（Play）更为贴切，因为最初的体育运动更多的是基于娱乐和消遣。比如乒乓球运动，根据史料记载，我国清初就有作为民间饭后消遣的台球流传；现代乒乓球运动始于英国，由于受天气限制，当地人民将网球移到室内，用餐桌代替球台，用书和羊皮纸做球网与球拍，进行

---

① 董虫草.胡伊青加的游戏理论[J].浙江大学学报,2005,35(03):48-55.
② Klaus V Meier. Triad Trickery: Playing with Sport and Games [J]. Journal of the Philosophy of Sport,1988:11-30.

娱乐锻炼。古代足球——蹴鞠起源于原始的娱乐活动，促进了体育娱乐的发展；现代足球在其起源地英国也是因为越来越多的人投身这一富有刺激性和畅快感的运动中，逐渐盛行。网球运动起源于法国国王路易十世宫廷中以消遣为目的的手掌击球的游戏……不难看出，人的体育运动是以消遣娱乐为目的，从自然玩耍阶段开始的。此阶段，人们进行的身体运动，没有过多的约束，其活动的进行是自动自发的。

✦✦ Game 游戏阶段

在游戏释义中，Game 特指具有社会性的（有组织、有规则并同场具有竞争性的）游戏。Game 在 Play 自由消遣玩耍的基础上，更具有竞争性，同时具有两层明显的规则意识：一是运动项目本身的规则，用于区分不同的运动项目，体现运动项目的本质；二是组织的规定，从无组织转向有组织。因此，Game 更多地指向竞技赛会，Olympic Games 是很好的说明。此阶段运动还处于简单的组织状态，是个体化的表象，个体表现的运动项目受到社会高度重视，集体协作项目相对较少。比如在古代奥运会上，几乎没有集体协作项目。比赛项目最初只有赛跑，后陆续增加了拳击、摔跤、角斗、赛马、掷铁饼等。

❖❖ Sport 运动阶段

　　国际体育科学与体育教育理事会(ICSPE)于1968年在《体育运动国际宪章》中首次正式将 Sport 定义为："具有游戏(Play)的性质、以自己或他人为对手进行竞争，也包含对自然障碍予以挑战的运动。"从 Game 到 Sport 阶段，个体表象逐步向集体表象发展，群体意识增强。其运动的表现形式也愈来愈丰富，既包含了娱乐消遣的钓鱼、棋牌、健身等初级运动形式，也包含了竞技比赛的高级运动形式。《欧洲大众体育宪章》将运动定位为包括竞技运动、野外活动、健身运动在内的广义的身体运动。运动随着人类的发展而变化，集体性的运动开始大规模地出现，社会化程度越来越高。一是运动的社会化组织机构越来越系统，比如国际上各单项运动的组织纷纷从国际奥委会的组织中独立出来，建立各项目的国际组织协会，比如国际足联(FIFA)、国际篮联(FIBA)等。二是各体育运动逐渐形成专门化运动，竞技体育、大众体育等不同层次的运动形式分工越来越细，呈现各自的特色，比如建立职业联盟的美职篮、中职篮，还有风靡世界的排舞组织(UC-WDC)等。

▶▶ 体育运动的人

体育学除了研究人的体育运动外,还研究体育运动究竟对身体有何种作用,体育运动的人有着哪些变化。

➡➡ "人化物"

在马克思主义劳动观下,体育运动也是一种劳动,即体育运动的人通过体育运动将自然身体转化为人化的身体。巴里·艾伦理论更系统地阐释何为"人化物":"人化物"(Artifact)的拉丁文词源是"artefacum",是指属人的技巧性的行为。[①] "人化物"不是简单化的身体动作,而是有目的、意向的身体行为;"人化物"不是单独存在的,而是置身于整个社会网络;人在"人化物"过程中得到改造。体育运动的"人化物"是从"无我"到"物我",从"物我"到"本我",从"本我"到"超我"的过程。

✤✤ 从"无我"到"物我"——产生意识

体育运动中的人最开始存在的方式是身体还是意识?体育存在论认为,体育中的人一开始没有主体性,是

---

① BARRY A. *Knowledge and Civilization* [M]. Oxford: Westview Press, 2004.

"无我"的状态。当人接触到体育事物时，会情不自禁地参与，这种参与或接触并不是从意识开始的，也不是从身体开始的，而是从"情绪"开始的。比如人们看见对面滚来的球，就会情不自禁地想去接住或者踢回，这种情绪的带入，使人们处于体育事物的整体组成中，实现从"无我"到"物我"。这种"物我"的过程，使得人们被投进体育世界中，然后试图去理解并关注这个世界，进而一步步充实自己，融入和展示这个世界。这种理解、融入、展示的物化，就是产生体育意识、参与体育运动、提升自己技能的过程。

❖❖ 从"物我"到"本我"——置身可能

"物我"是指在意识表层，人们也可以完成技术动作，参与体育运动，但是这种行为主体并不是一个相对于外在客体的主体，而是融入周围环境的主体，只是体育事物的表达，不是体育事物存在意义的主体表达。简单来说，这时呈现的是运动技术，只是一个运动符号，而不能表达体育运动的人"本我"的内容。比如，体育运动的人通过篮球教学或者训练，掌握了投篮、运球等基本篮球技术，也能够很好地在平时展示产生的"物我"，但是在激烈的篮球比赛中，并不是单独的"物我"存在，而是置身运动场景中整个社会网络的存在。一旦参与到正式的激烈的篮

球比赛中,发现这些平时掌握的"物我"不能被主体所掌控;社会网络的复杂和赛场的万千变化,让体育运动中的人的主体无法得到表达,失去"本我"的存在。存在论的"本我"是指"正在存在","正在存在"是一种可能的存在方式,体育运动中的人只有理解了体育运动中自己可能的存在,"物我"置身的社会网络,才能真正应对运动场或赛场的变化,实现人的"本我",从而享受"本我"存在带来的体育运动快乐。

✣✣ 从"本我"到"超我"——适应超越

"本我"的存在,让体育运动的人认识到可能的存在,从而去探究主体存在中可能发生的变化,使得体育运动的人与"本我"的社会网络产生变化。一是为了改造优化"本我"存在状态,就会通过体育运动去强壮自己的体格,提升自身能力,不断追求、不断创新、不断超越,达到人主体性的最高境界,追求"超我"的存在;二是主动适应"本我"存在环境,主动去改造环境来形成对体育场地或其他事物的适应。比如苏炳添在百米比赛中,从人体的本能反应中去调整出脚的位置,以提升自我,形成运动中的"超我";又如北京冬奥会,通过科技创新采用二氧化碳跨临界直冷制冰方式,更好地助力运动员适应环境,为运动员创造更好的成绩提供保障。

➡➡ 促进人的社会化

体育作为人类活动的重要形式,对人的社会化过程起着不可替代的作用。从原始形态的游戏活动到现代的体育运动,都是促进人的社会化的一种基本方式,也是提高人们生活质量的重要手段。美国著名学者布切尔认为:"体育教育是促进人的社会化,并使之最终成为合格社会公民的必不可少的教育环节。"体育运动为人们提供社会规范教育的场所,使人们在体育活动的情境中,规范自己的行为,认清自己的角色定位,处理好人际关系,改造完善自己,形成社会化的自我。

✥✥ 促进社会角色确立

社会角色,是有着特定的权利、义务和行为规范的人。人的社会化要求生活在社会结构中的人必须符合社会规则,获得社会成员资格,按照资格或角色各司其职,行使权利和履行义务。体育能够提供满足社会化生活中的个体要求的情境,提供尝试社会角色的各种机会。

在体育运动中,人们确定自己的角色定位(运动员、裁判员、教练、陪同者等,抑或是普通爱好者、国家二级/一级/健将级/国际级运动员等),遵守运动规则,理解和确立权利与义务,进而在其进入社会后,行使和履行社

公民的权利和义务。人们在运动情境中,学会人际交往与相互合作,各司其职但又共同完成体育活动中的任务,在经历成功与失败,机会与风险并存的竞争体验中,规范自己的行为和提升自我,以更好地适应社会角色,为社会做出贡献。

❖❖❖ 促进社会互动

人的社会化实际上是互动的过程,一方面,个体在社会化过程中,积极融入社会总的角色定位,适应社会环境;另一方面,个体作为社会系统结构中的一部分,通过自身的活动改造与影响社会,反向社会化,形成社会环境改造,促进社会化发展。社会化过程可以解释为:个体——接受社会经验(环境对人类的影响)——改造社会环境系统(人通过其活动对环境的影响)。

人经常参加体育运动,能够改善肌体功能,提高神经协调性,调控个人情绪,塑造精神品质,完善人格等,提高对复杂事物的综合判断能力,提高应对突发事件的能力,从而更好适应社会环境。相应地,人们在体育运动中塑造的独特精神品格,反过来也会影响社会环境,改造社会认识。体育运动中形成的独特人类行为和特殊的社会现象,反过来能够推进社会化进程。比如体育运动中深入人心的和平思想、和谐关系,反过来促进世界和平;体育运动中促进世界人民团结、避免社会冲突的社会秩序与规范,改变了社会的价值理念。2021年,奥林匹克格言108年来首次进行更新,将体育中的"更团结"加入奥林匹克格言,形成新的奥林匹克格言"更快、更高、更强、更团结"。

➡➡ **促进人的现代化**

现代化是当今世界各国共同的主题,我国把全面建成社会主义现代化强国作为第二个百年奋斗目标,社会主义现代化强国建设的核心在于人的现代化。体育运动在促进人自身发展的同时,也促进了人的现代化发展。美国学者英格尔斯认为个人现代化包括12个方面的特征,一言概之,人的现代化就是人的综合素质的现代化。《体育运动国际宪章》也指出:"体育运动作为教育与文化的一个基本方面,必须培养作为社会成员之一的个体所应具备的能力、意志力和自律能力,必须由一项全球性的民主化的终身教育制度来保证体育运动与运动实践得以贯彻于个体一生。"这些实际上指出了体育运动培养的是具有现代化特征的人,并贯穿其终身。由此可见,体育运动促进人的现代化,包括全面发展的现代化和终身体育素养提升的现代化。

❖❖ 促进人的全面发展

习近平总书记指出:"体育是提高人民健康水平的重要途径,是满足人民群众对美好生活向往、促进人的全面发展的重要手段,是促进经济社会发展的重要动力,是展示国家文化软实力的重要平台。"人的全面发展是指人的体力和智力的充分、自由、和谐的发展,既包括人的需要的满足、人的能力的提高,又包括人的社会关系的丰富,还包括自由个性的发挥和主体性的充分发展等方面。

毛泽东在《体育之研究》中提出:"体育之效,至于强筋骨,因而增知识,因而调感情,因而强意志。""德智体美劳"全面发展是中国特色社会主义现代化建设一以贯之的人才培养理念,发挥体育运动的独特功能,实现以体育德、完善人格、铸造精神;实现以体育智,促进智力、创新力;实现以体育心,增强心理承受力、情绪调节能力、社会适应力;实现以体强身,健全体魄、提高运动机能,从而促进人的现代化向全面发展。

❖❖ 促进人的素养提升

人类的现代化革命经历了由农业时代向工业时代,由工业时代向知识时代,由知识时代向现在素养时代的改革。"素养"一词首先是由经济合作与发展组织

(OECD)提出的,是指"个体在特定情境中通过调动、运用认知与非认知的心理资源成功满足复杂需要的能力"。随后该组织在"素养"基础上提出"核心素养",即关键能力和必备的品质,核心素养迅速出现在各个领域,成为时代的象征。比如卫生部颁布了《中国公民健康素养——基本知识与技能(试行)》,以促进我国公民健康素养的提高;教育部发布了《中国学生发展核心素养》,以培养学生能够适应终身发展和社会发展需要的必备品格和关键能力等。体育作为"德智体美劳"五育中的重要部分,对人的整体素养起着举足轻重的作用。从党中央、国务院到教育部,均重视全民体育素养的培养,尤其是学生体育素养的培养。体育运动能够促进人的自主性、主动性、创造性;具备体育素养的人是一个有创造力、有能力和有热情的人,他们在运动中灵活自如,能够有效应对现代社会身体活动缺乏、体质下降等健康危机,提升现代社会中作为完整的人的素养水平。

什么是体育学？

健身、竞技、教育——体育学的表象

> 体育之效，至于强筋骨，因而增知识，因而调感情，因而强意志。
>
> ——毛泽东

体育学与其他学科的不同在于其有自身独特的功能，无论是学校体育还是竞技体育，抑或是群众体育，都体现了各自的运动实践特色。实践中，对于"如何进行科学体育锻炼""如何提高运动成绩""如何培养健全人格"的应用靶向是其他学科不可替代的。

▶▶ 如何进行科学体育锻炼——健身

"生命在于运动。"体育锻炼已成为促进健康、预防病症、延缓衰老的重要手段，全国各地都掀起健身运动热潮，体育锻炼逐渐成为一种日常生活方式。

国家高度重视全民健身,国务院于1995年颁布实施《全民健身计划纲要》,自2011年开始,国务院每五年印发《全民健身计划》,2012年发布了《〈全民健身计划纲要〉实施十五年》白皮书。2017年,国家体育总局正式发布《全民健身指南》,内容主要包括体育健身活动效果、运动能力测试与评价、健身活动原则、健身活动指导方案,以引导在众科学从事体育健身活动。

如何健身才是科学健身呢?一段时间以来,网上曾出现中老年健身者悬空吊挂在公园大树上的"颈椎牵引"式锻炼,引起广泛争议。科学健身主要包含三个要素:安全性、有效性和持续性。健身的安全性是指健身活动整个过程的安全;健身的有效性是指在合理的活动负荷下,以有针对性的活动方式取得相应的健身效果;健身的持续性是指锻炼必须长期、终身进行。

➡➡ **科学健身的安全保障**

安全保障是科学健身的第一步,要确保体育健身者不出现或少出现运动伤害事故。尽量做到在健身前进行自我安全评估,然后制订适合自己的体育健身活动方案。还需要特别注意针对特殊人群、锻炼强度、锻炼内容、锻炼环境等的安全保障。

✣✣ 特殊人群的安全保障

对一般人群来说,健身锻炼是安全的。但老年人、儿童、孕妇、经期女性、体重较大者、长期运动不足者等特殊人群,锻炼前需要特别注意做好做足安全防范。比如平时不经常运动的人,一般要从低强度运动开始,逐步提高强度;对孕妇、经期女性群体而言,不建议进行高强度锻炼,而要在身体可承受范围内适度锻炼,可选择散步的方式;体重较大的人不适宜跑步,以防伤害膝盖等。

✣✣ 锻炼强度的安全保障

体育健身锻炼强度是健身安全保障的关键因素,锻炼强度过大,不仅对健身无益,还可能导致人体机能下降、损伤,甚至导致猝死。锻炼强度可根据心率、呼吸、主观体力感觉来进行判断和监测(表3)。在锻炼中要量力而行,如出现头晕、目眩、胸痛、恶心、呼吸急促、心慌、呕吐等症状,应立即停止锻炼,及时就医;如果运动后有持续的、较明显的疲劳,就应适当减少运动时间或次数。

表3　　　体育健身活动强度划分及其监测指标

运动强度	心率(次/分)	呼吸	主观体力感觉(级)
小强度	最大心率的50%~60%	平稳	轻松

(续表)

运动强度	心率（次/分）	呼吸	主观体力感觉（级）
中等强度	最大心率的 60%～85%	比较急促	稍累
大强度	最大心率的 85% 或以上	急促	累

注：正常人群最大心率（次/分）＝220－年龄（岁）

✥✥ 锻炼内容的安全保障

一次完整的体育锻炼应该包括准备活动、基本活动和放松活动三部分，尤其要注意锻炼前的热身准备，进行预热，提前进入锻炼状态，以有效预防损伤；还要注意锻炼后的拉伸，帮助放松肌肉，提升肌肉弹性，排出代谢废物，促进肌体快速恢复。

不同体育健身运动方式的运动强度、持续时间和运动频率不同，我们应根据自己的身体情况和平时锻炼习惯的强度选择合适的运动项目（表4）。一般来说，每周应至少运动 3 次，最好逐渐增加到每周 5 次，这样才能确保健身效果。

✥✥ 锻炼环境的安全保障

锻炼环境包括自然环境和人文环境。科学健身锻炼要特别注意在寒冷或湿热环境下的自我防护，尤其是在

户外运动中要及时关注天气变化,恶劣天气尽量不要进行户外锻炼,还应做好各种应急措施。对于体育健身设施,要注意器材的安全性能、质量标准,在正规场所进行科学健身锻炼。

表 4　　不同体育健身运动方式的运动强度、持续时间和运动频率

运动项目	运动强度	持续时间	运动频率(天/周)
快走、慢跑、游泳、骑自行车、扭秧歌	中	30 分钟或以上	5～7
快跑、快节奏健美操	大	20 分钟或以上	2～3
太极拳、气功	中	30 分钟或以上	3～7
篮球、足球、网球、羽毛球、乒乓球	中、大	30 分钟或以上	3
力量练习	中	20 分钟或以上	2～3
牵拉练习	—	5～10 分钟	5～7

注:摘自国家体育总局《全民健身指南》

➡➡ 科学健身的有效方案

科学的健身是指根据每个人的遗传特征、机能特点和运动习惯,制订有效的个性化运动健身方案或者运动处方。运动处方在我国还处于起步阶段,真正的运动处

方应该由专业人士来制订,这样的专业人士应该集医学、体育学、营养学、人工智能工程等方面的知识于一身。通常,运动处方根据人群可以分为两类:一类针对的是没有明显疾病的健康者;一类针对的是身体异常(损伤康复等)者或慢性疾病患者。由于有健身锻炼需求的人多,而具备运动处方资质的专业人士较少,所以锻炼者应努力掌握科学健身的运动处方知识。

✣✣ 科学健身的诊断评估

科学健身的诊断评估包括医学与运动能力诊断评估,医学诊断评估以医学检查为主,运动能力诊断评估主要包括单项运动能力测试、综合运动能力评价。单项运动能力测试包括有氧运动能力、肌肉力量、柔韧性、平衡和反应能力测试等;综合运动能力评价是根据不同单项运动能力指标在综合运动能力评价中的权重与系数,计算综合运动能力得分,综合运动能力得分＝有氧运动能力得分(心肺功能)×8＋肌肉力量得分×4＋BMI(肥胖指数)得分×4＋柔韧性得分×2＋平衡能力得分×1＋反应能力得分×1。综合能力评价分为优秀(85分及以上)、良好(75分及以上)、合格(60分及以上)、较差(60分以下)。

❖❖ 科学健身的锻炼计划

科学健身的锻炼计划主要包括体育健身活动的项目,体育健身活动的时间、频次、强度等基本要素。

1. 体育健身活动的项目

根据运动特征,可以将体育健身活动的项目划分为有氧运动、球类运动、中国传统运动、力量练习、牵拉练习 5 大类。不同类别的体育健身活动方式与效果不同(表 5)。

表 5　　　　　体育健身活动方式与效果

健身类别	健身活动方式	健身效果
有氧运动	中等强度:健身走、慢跑(6~8 千米/小时)、骑自行车(12~16 千米/小时)、登山、爬楼梯、游泳等	改善心血管功能、提高呼吸功能、控制与降低体重、增强抗疾病能力、改善血脂、调节血压、改善糖代谢
	大强度:快跑(8 千米/小时以上)、骑自行车(16 千米/小时以上)	提高心肌收缩力量和心脏功能,进一步改善免疫功能
球类运动	篮球、足球、橄榄球、曲棍球、冰球、排球、乒乓球、羽毛球、网球、门球、柔力球等	提高心肺功能、提高肌肉力量、提高反应能力、调节心理状态

(续表)

健身类别	健身活动方式	健身效果
中国传统运动	太极拳(剑)、木兰拳(剑)、武术套路、五禽戏、八段锦、易筋经、六字诀等	提高心肺功能、增强免疫机能、提高呼吸功能、提高平衡能力、提高柔韧性、调节心理状态
力量练习	非器械练习:俯卧撑、原地纵跳、仰卧起坐等;器械练习:各类综合力量练习器械、杠铃、哑铃等	增加肌肉体积、提高肌肉力量、提高平衡能力、保持骨健康、预防骨质疏松
牵拉练习	动力性牵拉:正踢腿、甩腰等;静力性牵拉:正压腿、压肩等	提高关节活动幅度和平衡能力,预防运动损伤

2. 体育健身活动的时间、频次、强度

体育健身活动的时间、频次、强度安排将直接影响到体育健身活动效果。健身活动初期,运动时间可稍短,适应后再延长运动时间,每天可集中一次进行,也可分开多次进行,每次体育健身活动时间应持续 10 分钟以上。有健身活动习惯的人,可进行每周 3～7 次,每次 30～60 分钟的中等强度运动,或 20～25 分钟的大强度运动。有良好健身运动习惯的人,每周可将中等强度运动总体时间增加到 150～300 分钟,或将大强度运动总体时间增加到 75～150 分钟。

✤✤ 科学健身的注意事项

科学健身需要根据个人情况循序渐进,合理地进行全面锻炼。锻炼时尽量避开雾霾等不良天气,注意个人健康习惯与营养膳食。尽量不要空腹进行锻炼,注意在锻炼中正确补水与自身身体机能的反馈信号。

➡➡ 科学健身的保持

✤✤ 科学健身的动机明确

动机是促使个体发生行为的内在力量,人们只有在自身发展需求产生时,才会诱发产生内在的锻炼动机。在锻炼内容选择时要把人们自身需求和兴趣爱好相结合,才能产生内在机制,形成持续动力。依据健身动机需求,可选择不同体育活动方式进行锻炼。增强体质,强壮身体,可选择有氧运动、球类运动和中国传统运动等;提高心肺功能,可选择有氧运动、球类运动等;减控体重,可选择长时间有氧运动;调节心理状态,可选择球类运动、中国传统运动;增加肌肉力量,可选择各种力量练习;提高柔韧性,可选择各种牵拉练习;提高平衡能力,可选择中国传统运动、球类运动、力量练习;提高反应能力,可选择各种球类运动。

✥✥ 科学健身的路径赋能

国家体育总局发布的《"十四五"体育发展规划》明确提出，构建更高水平的全面健身公共服务体系，推动群众体育生活化。科学健身路径的选择，要充分利用国家政策赋能。利用城镇社区 15 分钟健身圈的公共体育设施，选择快速便捷的健身路径；利用国家"互联网＋健身"平台的建设，培养个人运动爱好，形成终身体育锻炼习惯。

▶▶ 如何提高运动成绩——竞技

截至 2022 年，我国总计获得奥运会金牌 286 枚（夏季奥运会 264 金；冬季奥运会 22 金），其中夏季奥运会奖牌榜连续四届位列前三，2022 年北京冬奥会奖牌榜也跻身世界前三位，彰显了我国竞技体育取得的巨大成功，也显示了我国建设体育强国的决心。竞技体育是以创造优异运动成绩、夺取比赛优胜为主要目标的体育活动。运动成绩包括运动员竞技能力（水平）和比赛名次两部分。因此，如何提高运动成绩，实际上就是如何提高运动员竞技能力和如何在比赛中取得好的名次的问题。

➡➡ 如何提高竞技能力——运动训练

运动训练是为了提高运动员的竞技能力和运动成

绩,在教练员的指导下,专门组织的有计划的体育活动。只有通过长期、系统、科学的训练,运动员的竞技能力才能达到较高水平,才能在复杂多变的比赛中取得优异的运动成绩。运动训练实践中如何提高竞技能力?竞技能力的提高主要取决于训练内容、训练负荷、训练方法与安排以及训练原则等,概括起来就是"练什么""练多少""怎么练"的问题。

❖❖ 练什么——训练内容的科学化结构

运动员竞技能力由体能、技能、战术、心理以及运动智能所构成,并综合地表现于专项竞技过程中。运动员的训练内容,由具有项目特征的竞技能力结构模型和自身能力特点综合诊断所决定。

(1)竞技能力构成决定主要内容比重。 由于各专项运动项目的竞技能力(体能、技能、战术、心理、运动智能)子因素起的作用有所不同,各项目竞技能力结构模型比重构成不同,从而造成练习内容板块比重不同。比如体能主导类耐力性运动项目,体能起决定性作用;技能主导类运动项目,技能起决定作用;技能主导类对抗性运动项目,则体能、技能、战术能力共同起决定性作用。

(2)运动员根据自身竞技能力特点扬长避短。 运动员有自身的竞技能力特点,可以按照木桶模型和积木模型进行分析,扬长避短。在一般运动员和优秀运动员之间,木桶模型的短板决定了运动员水平的高度;但在优秀运动员之间,能力结构具有非均衡补偿效应的特点,即竞技能力构成因素中某种素质或能力的缺陷,可由其他高度发展的素质或能力在一定范围内予以弥补和代偿,使其总体竞技能力保持在特定的水平上。比如姚明在美职篮时,虽然力量不如奥尼尔,但可以用身高和全面的技术弥补,使自己保持在全明星水平;再比如中国男篮队员陈江华,在身高和力量都不占优的情况下,依靠速度成为国家队主力,特别是在奥运会比赛中凭借速度优势曾突破美国"梦之队"的五人防守,完成后场运球一条龙上篮得分。

✢✢ 练多少——训练负荷的科学化安排

运动员竞技能力的变化主要是在训练负荷的影响下产生的,无论哪个等级和水平的运动员,都极其重视运动负荷的科学化安排。运动负荷是指运动员在承受一定的外部刺激时,机体在生理和心理方面所承受的总刺激,并以这两方面所表现出来的机体内部应答反应程度来反映。不同强度训练负荷对运动员机体产生不同的刺激效果:若过小,无法引起机体应激反应,产生不了好的训练

效果；若过大，机体会产生劣变反应，甚至会产生伤病。因此，训练负荷的科学化安排对训练效果和竞技能力的提高有着至关重要的作用。

（1）把握负荷属性。运动负荷包括负荷强度和负荷量度两个方面，在训练中展现出结构属性、机能属性、个体属性的特点。结构属性主要是指运动员在训练各阶段承受负荷中强度和量度的适应比例及动作技能在专项中所占的成绩贡献率。在不同阶段，负荷强度和量度的结构属性不同，比如在准备期一般运动量大，负荷较小；随着训练的进行，负荷强度稍微增大，直至负荷的强度和量度达到最大；在接近比赛期，负荷强度最大，负荷量度稍小，为比赛做准备。机能属性主要是指运动负荷对供能系统作用的方向性，一般是指负荷的性质是有氧供能还是无氧供能，或是混氧供能，与运动项目的特征直接相关。个体属性，主要是指运动员个体间在承受量度与强度上的差异性，应该个性化定制。比如国外优秀男子篮球运动员后卫的卧推力量达一百多千克，甚至超过我国男子篮球运动员中锋的卧推力量，因此在制订负荷安排时应因人而异。

（2）追求超量恢复。人体机能的适应机制，使机体在训练后，会从消耗、恢复、超量恢复，回到或接近原来的水平。当人体适应超量恢复阶段后,如不给予新的负荷刺激,超量恢复就会消失,最理想的负荷安排就是机体发生超量恢复。因此,掌握超量恢复的时机,科学探求负荷的临界点是训练负荷安排的追求,也是训练效益最大化的保障。比如孙海平曾在接受采访时回忆,刘翔在巅峰时期的训练,就是刀尖上跳舞,往往力量训练的前面很多次都没有起作用,实际是为最后的一次做铺垫,最后这一次不加则产生不了刺激,起的作用不大,若加上去了,就起到超量恢复的作用,当然也可能有受伤的风险,因此临界点的把握是最难也是最重要的。

(3)注重营养膳食。运动时,能量消耗巨大,需要源源不断的蛋白质、碳水化合物、维生素、矿物质、水等营养物质满足机体所需。运动后的营养膳食,一是注意各营养素之间的搭配比例,能源物质中的蛋白质、脂肪和碳水化合物的比例应适应不同项目运动训练的需要。一般情况下,蛋白质占总热量的12%~14%,脂肪占30%左右(以不大于总热量的35%为宜),碳水化合物占55%~70%。二是注意合理补充糖分,糖不仅能够无氧酵解,还能够进行有氧氧化,以游离糖分子和糖原的形式存在。人体糖分的补充能够帮助人们有效延缓疲劳的发生,避免在运动过程中出现体内糖过早被排空的现象。我们经常看到

在网球赛等持续性比赛中,运动员在中场休息时会吃一些香蕉或补充功能饮料,促进体内糖的恢复;有些运动员在运动比赛和训练前的一到两个小时也会补糖,避免人体血浆胰岛素浓度升高。

✥ 怎么练——训练模式的科学化整合

怎么练是一个系统训练工程,整个过程包括起始状态诊断、训练目标建立、训练计划制订、训练活动实施、训练过程检测评定、训练目标实现等环节。整个过程在检测评定中不断修正、反馈、调节直至最优化。状态诊断与目标建立是实施的准备与前测,其实施的核心在于训练计划分期的整合、训练方法的优化、大数据科技的助力。

(1) 分期整合。训练分期是运动训练计划制订的重要理论,在多年训练计划、年度训练计划、阶段训练计划中都包含着训练分期理论。苏联的马特维耶夫在20世纪60年代建立的周期训练模式被称作传统的训练周期理论,它指导了半个世纪的国际运动训练实践。随着竞技运动的发展,逐渐形成多周期模式的板块分期,现在又出现了适应系统体系的整合分期模式。整合分期,是根据"应激理论"原理和"体系"工程方法,将原本零散而明显割裂的诸要素,如生物动作能力、训练负荷、运动心理、运动营养等，通过数字化交叉、渗透、融合，形成更加动态、开放、自适应的一体化分期模式。其精髓是去单个要素最优化，重视各要素的权衡与平衡过程，以"涌现"新特性。

（2）**方法优化**。现代运动训练方法是指教练员和运动员根据运动训练的科学原理，为完成训练任务，取得最佳训练效果，而采用的现代化的先进手段和途径。运动训练方法成千上万，分类依据不同，其分类体系也多种多样。从运动训练方法的演进过程来看，主要分为控制方法和实操方法两类。控制方法主要是宏观方面的训练方法，包括程序训练法、模式训练法、人-机（CAD）辅助训练法等；实操方法有重复训练法、间隙训练法、持续训练法、变换训练法、循环训练法、比赛训练法、高原训练法等，还有中国特色的"三从一大"训练方法、项间移植方法等。运动员根据不同训练阶段与训练任务科学合理地选择训练方法进行训练。

（3）**科技助力**。科技助力是现代化科学训练的重要保障，主要包括科学技术的创新和科技设备的服务两方面。现在智能化摄像机、可穿戴设备等科技产品的出现，为教练员带来智能服务。比如苏炳添在东京奥运会男子100米半决赛中跑出9.83秒的成绩，就与现代化科技设

备的助力分不开。具有运动技术诊断与分析、运动素质监测与评估、生理机能监测与评价等功能的高新科技设备有30多种：Keiser气动阻力训练设备、Gymaware速度监测设备、1080 Sprint（短距起跑速度训练系统）、Freelap Timing System（测时训练系统）、Sprint force platform of Keiser（短跑后蹬训练测力台）、Moxy Monitor（无创伤穿戴式的乳酸测试仪）、Omega-wave（竞技状态综合诊断系统）等。在2020—2021年中职篮广辽总决赛中，广东队的比赛实时监测系统和赛前战术视频分析系统，为其夺得总冠军起到不可或缺的作用。

➡➡ 如何取得优异名次——运动竞赛

运动员在训练中获得的竞技能力水平，通常称为训练水平，只有在竞赛中将具备的竞技能力稳定表现出来，才能取得好的成绩。运动竞赛中的不确定性，会导致运动员出现"崩盘"现象、"克拉克"现象。那么，如何更好地进行运动竞赛呢？对此，我们需要厘清运动竞赛的结构，优化外部环境。如何在运动竞赛中获胜？关键是把握制胜规律，找准内部机制。如何让运动员的竞技能力在复杂的比赛环境下稳定发挥出来呢？关键在于对竞赛过程的控制。

✦✦ 运动竞赛的社会结构

运动竞赛是一种社会行为,置身社会环境中,并与社会的政治、经济、文化、教育等因素相互影响、相互作用,构成了人—竞赛—社会的社会结构。竞赛分为非正式竞赛、半正式竞赛、正式竞赛、职业竞赛。人根据自身身体条件对不同竞赛类型产生竞赛兴趣,竞赛兴趣的这种需求在竞赛体制下得到解决,就产生竞赛要求,竞赛要求与竞赛政策和策略相结合,形成社会的竞赛需要(图3)。在这种相互依存关系下,只有优化和理顺这种竞赛结构,才更有利于运动员取得优异的运动成绩。比如李娜在竞

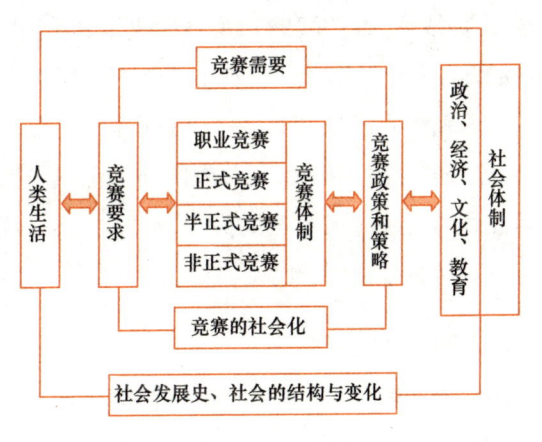

图3 运动竞赛的社会结构

赛体制下的单飞促成了大满贯单打冠军,八一男篮的落幕都是竞赛结构中相互依存关系的典型体现。

✦✦ 运动竞赛博弈制胜

竞赛博弈制胜,是指在竞赛规则的限定下,最大限度地提高胜算,在比赛中获得优异的运动成绩。运动竞赛需要把握竞赛博弈制胜规律,制订合理的竞赛博弈决策。竞赛博弈制胜规律,是对竞赛中主要客观规律的反映,是获取优异成绩必须遵循的准则,本质在于各项目竞赛博弈制胜因素。比如乒乓球的快、转、准、狠、变;跳水的难、稳、美、新;竞技体操的难、新、美、稳、力;等等。竞赛博弈决策过程,贯穿竞赛活动始终,包括战略目标的决策(超前战略、维持战略、跟踪战略)、策略的决策、方法的决策(识谋、定谋、用谋)几部分。历史上三连冠的中国女排从弱变强就是采用了超前战略——快速反击,并大胆运用短平快、背飞等打法;中国女子体操队第二十一届世界体操锦标赛后相当长一段时间的失利,与"立足学与追,忽略创与超"等战略有一定关系。

✦✦ 运动竞赛过程控制

所谓控制是指为了改善系统的性能或达到某个特定的目的,通过对系统输出信号的采集和加工而产生控制信号施加到系统的过程。运动竞赛过程复杂多变,影响运动成绩的因素也庞大冗杂,有必要对这些因素进行整合,对复杂系统状态变化进行最佳定向控制,最佳控制的下限为赛前预设的比赛成绩或者名次,等于或者超过该成绩或者名次即为实现了运动竞赛过程的最佳控制。最佳定向控制包括精准控制和模糊控制,精准控制是通过对竞赛信息的加工分析(比赛条件、对手情况、裁判情况、规程规则情况、后勤保障情况等),做出的量化指示;模糊控制,是在无法准确获得决定竞赛胜负的因素(运动员状态、突发情况、观众情况等)的情况下,对运动员的竞赛行为做出质化指示。控制系统由控制主体、被控对象、竞赛信息及其获取与传递构成,广义上包括赛前、赛中、赛后三个阶段。(图4)

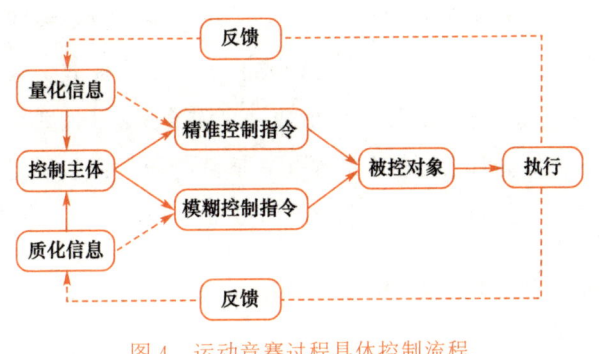

图4 运动竞赛过程具体控制流程

▶▶ 如何培养健全人格——教育

健全人格是近代教育领域具有实际效力的重要教育宗旨,早在1919年,中华民国教育部主持设立的教育团体——教育调查会在其第一次报告中就提出将养成健全人格作为教育宗旨。"完善人格,首在体育",蔡元培先生曾在《对于新教育之意见》中阐明了体育在教育中的重要作用和地位。2016年发布的《中国学生发展核心素养》提出学生需要健全人格;2018年,习近平总书记在全国教育大会上提出:"帮助学生在体育锻炼中享受乐趣、增强体质、健全人格、锤炼意志。"

人格(personality)一词由拉丁文 persona 演绎而来,是相对稳定的、具有独特倾向的心理特征的综合。人格是在个体的先天素质基础上,由认知系统、情绪、情感系统和意志系统,从低至高而构成的心理结构模式。人格教育的宗旨是使受教育者形成一个健全的、日趋完善的人格。体育对人格教育的作用在实践与研究中被反复证明,其主要从知、情、意、行等方面培养人格。

➡➡ 促进系统认知,形成健康人格

在认知系统方面,卡特尔认为能力特质是决定一个

人如何有效完成某一项任务的特质,它是人格的认知表现,他认为最重要的能力特质是智力,体力与智力在相互交融中形成健康人格。

✥✥ 强健体魄奠基人格发展

俗话说:"一个人的身体健康是 1,其他方面都是 0。只有依附于健康身体这个 1,0 的存在才会有意义;没有这个 1,那么一切都将不存在。"强健的体魄是人格品质发展的基础,健康的精神寓于健康的身体。毛泽东在《体育之研究》中也写道:"体育一道,配德育与智育,而德智皆寄于体。无体是无德智也。"一般来说,身体健康、体魄强健者,往往意志坚强、充满活力,对事物充满热情,积极乐观。反之,精神萎靡不振、孤僻冷漠,心理承受力差。比如"行如风、坐如钟、站如松"是透过强健的身体,展现的精神内涵。身体和心理之间相互影响,体育教育可以塑造强健体魄,形成良好姿态,提高身体素质,为人格发展奠基。正所谓"文明其精神,野蛮其体魄"。

✥✥ 体智交融形成健康人格

"四肢发达,头脑简单"是广为流传的对体育人的认知,然而实践证明,体育厉害的人头脑也发达。体育运动中的能力本身就包含运动智能,即集观察力、记忆力、想

象力为一体的思维能力,是一种综合能力。体育运动能够增强人的注意力,比如在激烈的对抗中、瞬间变化万千的比赛中,参与者都需要保持高度的注意力;体育运动能够加强人的感知能力,比如游泳运动中的"水感",球类运动中的"球感",径赛运动中的"时间感"和"位移感",等等;体育运动能够增强记忆力,体育锻炼中释放的脑啡肽、内啡肽等特殊化学物质,有助于记忆力的发展;体育锻炼还能丰富想象力和思维能力,比如在运动中建立的动作表象和输出动力定型等。体育运动中瞬间千变万化的特点,有助于提高人们的空间感知能力和认知思维能力,增强神经系统功能,从而使人们的系统认知能力得到加强。现代教育中提倡跨学科教育,《义务教育体育与健康课程标准(2022年版)》要求按照10%的比例进行跨学科教育,真正促进智力、体力形成合力,从而有助于学生形成完整的健康人格。

➡➡ 调控情绪情感,塑造健康性格

情绪和情感统称为感情。情绪主要指感情过程,具有较大的情境性、机动性和暂时性,往往随着情境的改变和需要的满足而减弱或消失。情感是情绪的高级阶段,经常用来描述那些稳定的、具有深刻的社会意义的感情。

✤✤ 培养良好情绪，形成积极人格

体育活动有利于培养良好的情绪，帮助人们转移或抵消焦虑、忧郁等不良情绪；体育活动促使人体释放一种多肽物质——内啡肽，使人感受到愉悦的情绪，比如高峰表现、流畅体验等带来的身心愉悦感；进行体育活动时，人们全身心投入运动中，得到全面放松，不仅缓解了身心的紧张，而且缓解了紧张的生活节奏，比如，有氧练习对长期性的轻微到中度的焦虑症和抑郁症具有治疗作用。研究发现，每天30分钟、一周5次的运动可以消除或舒缓低落的情绪。

✤✤ 形成稳定情感，提高社会适应能力

体育活动可以提高个体情绪的自我控制和调节能力，从反射性感情反应到一级情绪，再到高级情感三级情绪水平，形成稳定的社会情感。体育活动本身蕴含着各种丰富的刺激与竞争，除机体的直接反应外，人们会产生紧张、兴奋等一级情绪，进入产生克服困难、对抗竞争等与认知过程发生联系的高级情感形态。机体具备情绪的稳定性，可以保证运动过程持续进行；另外，在瞬息万变的体育比赛中，还需要短时间调节自己情绪的紧张度，进

而激发自身的潜能，从而提高应对外界环境的能力，提高社会适应能力。

➡➡ 强化品行意志，养成个体人格

品行是指人的行为品德；意志是人自觉地确定目的，以目的调节和控制行动，克服困难，实现目的的心理过程。著名体育教育家马约翰曾提出："体育是培养健全人格的最好工具。"

✥✥ 弘扬优良品德，提高人格品质

体育品德是指人们在体育运动中应当遵循的行为规范和体育伦理，以及形成的价值追求和精神风貌。体育品德包括体育精神、体育道德和体育品格三个维度。体育运动场是精神品德培养的最好场所，它既是人们精神和道德展示的舞台，也是优良体育品德形成的沃土。在运动场上展现的积极进取、顽强拼搏、爱国主义精神、团队合作精神，在运动过程中表现的遵守规则、尊重他人、公平竞争的道德风尚，体现的文明礼貌、责任意识、正确的胜负观等品格，完整地诠释了人格品质。

✥✥ 磨炼意志，培养独立人格

体育运动能磨炼人的意志，促使人们具有良好的自

觉性、独立性、果断性及自制性等品质。良好的个性包括自觉性、果断性、自制力和坚韧性等。一是体育运动对意志的作用,促进了独立人格的形成。体育本身是人的体育运动,是按人的需求和目的去改造自己的创造性的活动,为达到人自身确认的体育目标,比如强健体魄、提高成绩、促进教育等,必须有高度的自觉性去坚持不懈地运动,直至目标实现。这一过程的实现,需要锲而不舍的自制力和坚韧性。同时,体育运动过程是由个人独立完成的,即使是团队项目集体合作,也是由独立人完成的。在瞬息万变的运动场上,需要个人做出具有果断性的抉择,发挥自己的特长,依靠自身独立的意志,采取有力措施解决问题。人们经过长期的锻炼,激发出无限潜能,从而形成独立的人格特征,成为完整的人。二是不同运动项目的文化属性,有助于培养独特的人格特征。比如篮球、排球、足球等团队项目,在相互包容与团结协作中,参与者形成了具有大局观、个人服务于集体、为人民服务的"孺子牛"人格特征;长跑项目中,吃苦耐劳、永不言弃的毅力,有利于塑造"老黄牛"人格特征;跆拳道强调"以礼始,以礼终",培养参与者互相尊重、不畏强敌、谦虚谨慎、戒骄戒躁、越挫越勇的"拓荒牛"人格特征。

舶来、转化、创生——体育学的源说

活动是生活的基础。

——歌德

"体育学"最开始不是以这一专有名词的形态存在的,而是同"体育"一样,从国外引进来的,经历了消化、吸收、转化、创新,逐渐形成自身独特的体系。体育学在形态上从最初的碎片化意识形态到专门化课程再到独立门类,大致经历了"外部舶来:引进学习阶段""内部转化:独立探索阶段""创生繁荣:世界交融阶段"三个阶段。

▶▶ 外部舶来:引进学习阶段

体育学在萌芽的初期,并没有一个专门、完整的体育知识体系,只是对融于劳动、战争、宗教、乐舞中"类体育"

的身体活动形式的描述。现代奥运发源地古希腊关于体育的知识较为丰富,柏拉图在《理想国》中以音乐和体操为基础构建了自己的道德理想主义理念,强调通过赛跑、跳远、投标枪、掷铁饼、拳击、摔跤(角力)、驾车和骑马比赛等活动,让青年人练就健美的身体、坚忍的意志、高超的技艺和优秀的品德以适应保家卫国的军旅生活,但这并不能成为现代意义上的体育学。15—19世纪,自然科学领域取得全面突破,严格意义上的科学知识才开始形成,体育科学知识首先在教育领域得到有限表达。西方体育学研究肇始于德国,1793年古茨穆茨的《青年体操》出版,标志着西方体育学研究领域形态的确立。19世纪,英国教育家、哲学家赫伯特·斯宾塞出版了《论教育》一书,首次使用了"physical education"一词,体育的概念终于出现。斯宾塞在该书四个部分之一的《体育论》中认为,一个民族的兴衰、战场上的胜负以及商业竞争的盈亏,都与人的体力强弱有关。因此,必须注重体育,要使幼儿养育与学校的体育制度符合现代科学原理。随着欧洲文艺复兴、宗教改革和思想启蒙运动的发展,被称为现代体育三大基石的德国体操、瑞典体操、英国户外运动开始在全世界范围内传播。清朝末年,体育运动由西方传入我国。外国传教士在我国兴办教会学校,开设体育课,

举行课外体育活动。伴随体育运动的开展,体育早期的理论研究也开始出现,此阶段清末的体育教育效仿德日,民国的体育教育以学习欧美为主。

➡➡ 借鉴德日的课程化

第二次鸦片战争结束后,清朝统治阶级发起了洋务运动。洋务运动期间,洋务派提出了"中学为体,西学为用"的方针,进行了一系列借"西法"以"自强"的活动,包括兴建新式军事学堂,引入西方兵操。在这一过程中,"体操""体育"等传入我国。

✤✤ 操化学科课程设置

1904年,在清政府颁布的《奏定学堂章程》(癸卯学制)中,"体操科"正式确立,该学制要求各级学堂将体操设置为必授科目。为了培养"体操科"专业师资,1906年晚清学部在《通行各省推广师范生名额电》中,要求府立师范学堂和中学堂设立体操专修科。从课程设置来看,晚清的体育师资培养主要包括学科和术科两种课程。早期的学堂只开设术科课程,直到1907年,"体育学"才开始作为一门学科课程出现在晚清学堂中。由术科到学科,标志着体育学得到认可,开始广为传播。

✤✤ 译著期刊研究萌芽

此阶段,我国最早出现的与体育学术相关的文本是1890年的《幼学操身》,此书由英国学者庆丕和中国人翟汝舟共同完成,体现了中西文化的融合性和早期体育的移植性,可以作为体育学从西方传入中国的一个标志性事件。《幼学操身》不仅是中国最早的体育教科书,而且标志着体育学在中国形成了一个独立的研究领域,该书的出版标志着中国体育学的开端。新式教育的开展,特别是体操科的确立,为晚清体育学术萌芽提供了动力。这一时期有关体育的出版物大部分是日本、德国的译作,内容单一,多是中小学体操类、游戏类的教材。比如有代表性的1902年由杨寿桐翻译的日本学者西川政宪的《国民体育学》和1909年由徐傅霖所著的《体操上之生理》,前者是近代中国第一部体育基本理论书籍,后者则是中国近代第一部涉及运动生理学的专著。1909年由徐一冰任总编,中国图书公司发行的中国第一本体育期刊《体育界》创刊,为体育学者、教师提供了一个交流的平台,体育学的学术研究正式萌芽。

➡➡ 效仿欧美的学制化

伴随新文化运动和五四运动的开展,自然主义体育

思想在我国的影响逐步扩大,部分知识精英已经开始用先进思想来研究体育。受到美国自然体育思想的影响,美式学校体育逐渐代替北欧体操占据主流,民国初期的体育开始由单一的操化类向多项目扩展。

✤✤ 学制课程标准出台

1922年北洋政府颁布了效仿美国学校体制的"壬戌学制",该学制参照美国的"六三三制"形式并结合我国当时的实际制定,"壬戌学制"的出台标志军国民教育在我国的没落。为了配合新学制的施行,1923年,北洋政府推出了《新学制课程标准》,在新的课程标准中,正式将"体操科"改为"体育课",废除了原有的兵式体操,取而代之的是球类、田径、游泳、普通体操等体育项目,并将保健知识和生理卫生知识融合到体育课的教学中。1927年南京国民政府设立了较为完善的体育行政机构,包括体育指导委员会、中央体育研究会等,推动了体育事业的发展,对体育学的形成起到了非常重要的作用。"壬戌学制"一直沿用到1951年,形成了较为完善的学制课程标准。

✤✤ 独立体育专著盛行

这一时期是我国近代体育研究的黄金几十年。先进体育思想的代表著作有毛泽东的《体育之研究》、陈独秀的《青年体育问题》、恽代英的《学校体育之研究》等；也出现了较有影响力的体育期刊，如《体育杂志》(1914)、《体育周报》(1918)、《精武杂志》(1920)、《武术》(1921)等。该时期体育家和教育家强调坚持"体育的真义"以增强体质，侧重于体育的专项训练和教育方法等问题的探讨。如罗一东的《体育学》(1924)，章凌信和杨少庚合著的《体育学》(1927)，吴蕴瑞和袁敦礼合著的《体育原理》(1933)，方力邦的《体育原理》(1933)，江良规的《体育原理》(1946)，秦岱源等人合著的《体育学》(出版日期不详)等。除教育学领域外，还有学者专门从事体育学分支领域的研究，如程瀚章所著的《运动生理》(1924)，郝更生用英文撰写的《中国体育概论》(1926)，吴蕴瑞的《运动学》(1930)，蒋湘青的《人体测量学》(1931)，章辑五的《世界体育史略》(1931)，金兆均的《体育行政》(1931)，等。"体育学"开始作为一门独立的学科，向注重研究的可行性和规范化方向发展。

➡➡ 接受苏联的体育理论体系

在新中国成立初期，我们全盘接受苏联的体育理论体系，选派学者和运动员前往苏联学习，同时聘请苏联专家来华讲学。在体育教育和体育科研方面则翻译介绍了

大量的苏联体育教育理论的教科书和专著,介绍、引进了以巴甫洛夫高级神经学说为基础的体育教学理论、运动训练体系,形成了"运动"抢占"体育"中心地位的局面。

❖❖ "劳卫制"体育模式推广

20世纪60年代,学校体育的教学大纲与"劳卫制"、竞技运动的"全国一盘棋、组织一条龙、训练一贯制"和"举国体制"等都是参照苏联的模式。1952年,借鉴苏联的做法,中华全国体育总会筹备委员会向社会公布了《〈准备劳动与保卫祖国〉体育制度试行条例(草案)》及相关标准(简称"劳卫制"),先后在部队、各级各类学校试行,再在群体体育中大力推广。1952年新中国第一所高等体育院校华东体育学院在上海成立,在1953年至1954年,中央体育学院、西南体育学院、西北体育学院、东北体育学院、中南体育学院相继成立。体育专业学院开设的课程,除了传统的术科课程,在学科课程上主要设有运动医学、体育教育理论、运动生理学、运动解剖学等。体育专业课程体系偏向自然学科,体育人文社会学科包含于体育教育理论之中。体育院校课程设置以我国请来的苏联专家凯里舍夫编写的《苏联体育教育理论》(1956)为依据,对我国体育教学产生了很大的影响。

❖❖ 体育专业人才机构设立

为了培养体育教师和体育科研人才，1951年，政务院颁布了《关于改革学制的决定》。次年，中央体育学院（1956年更名为北京体育学院，1993年更名为北京体育大学）与上海体育学院招收了我国第一批体育专业研究生，成为新中国最早培养体育专业研究生的高校。为了培养体育科研人才，中央体育学院聘请了苏联专家担任研究生导师，主要设置了解剖学、体育理论、生理学、田径、足球、卫生学、体操、游戏8个专业。在专家的帮助下，新中国体育专业研究生教育得到了较快的发展，培养的体育专业研究生也对我国体育师资水平和科研水平的提升起到了非常大的推动作用。在首批研究生毕业后，国家体育总局体育科学研究所（1958）、北京大学运动医学研究所（1959）相继成立，而在体育专业院校也设置了专门的体育科研机构。全国体育总会筹备会议提出"创办杂志或利用广播、报纸，扩大体育教育和宣传，指导各地的体育活动"。1950年，毛泽东题写刊名的《新体育》创刊，该刊为我国创刊最早、发行量最大的全国性体育专业综合性期刊；1954年，人民体育出版社正式成立，这是我国第一家体育专业出版社；1957年，《中国体育》创刊，该

刊为我国第一份英文版体育期刊;同年,《体育译丛》更名为《体育文丛》;1958年,我国第一份全国性体育专业报刊《体育报》创刊。此阶段在体育人才培养、运动训练、国民体育等方面的研究为我国体育科学体系的建立奠定了重要的基础。

▶▶ 内部转化:独立探索阶段

1959年,我国体育事业进入了独立探索阶段。但在"文化大革命"十年期间,体育事业发展受到影响,真正的体育事业发展与体育学的研究是在1978年党的第十一届三中全会以后。20世纪80年代,随着邓小平"科学技术是第一生产力"思想的提出,科技兴体战略的实施,我国开始重视体育科技工作,体育事业得到全面迅速发展。

➡➡ 体育学科设置逐渐成熟

我国在科研和教育制度上一直采用的是一种自上而下的行政管理方式。这决定了体育学学科地位的确立同样需要科研和教育主管部门的认同。1979年,根据党中央关于建立学位制度的指示,教育部、国务院科技干部管理局联合组建"学位小组",拟订了《中华人民共和国学位条例(草案)》[1]。1983年,国务院学位委员会第四次会议决定公布并试行《高等学校和科研机构授予博士和硕士学位的学科、专业目录》,标志着体育学学科得到国家正式认可。"体育"归属教育学门类下,被列为一级学科,下设12个分支学科[2]。12个分支学科中,运动与人体科学占据一半,有人体解剖学(含运动生物力学)、人体生理学(含运动生物化学)、运动生理学、运动心理学、运动保健和运动医学,其余6个分支学科为体育理论、体育教学理论与方法、运动训练学、武术理论与方法、体育史、体育管理学。1990年,在上一版基础上对人体和运动两个同源进行了修正,由12个分支学科改为10个分支学科,运动与人体科学改为4门,分别为运动生物力学(含运动解剖学)、运动生理学、运动生物化学、体育保健学。《学科分类与代码》(GB/T 13745—92)首次把体育科学列为人文与社会科学门类下的一级学科。

➡➡ 体育科学学会形成体系

1980年,成立了新中国第一个体育科学研究学

---

[1] 中华人民共和国学位与研究生工作文件选编.中华人民共和国学位条例[Z].北京:北京航空航天大学出版社,1980:123-125.
[2] 国务院学位委员会办公室.高等学校和科研机构授予博士和硕士学位的学科、专业目录[Z].北京:北京航空航天大学出版社,1983:77-78.

会——中国体育科学学会（CSSS），包括运动生理学学会、运动生物力学学会、体育科学理论学会、运动训练学会、运动医学学会 5 个分会。随后逐步发展壮大为 20 个体育科学学会分会：运动训练学分会、体育社会科学分会、运动医学分会、运动生物力学分会、运动心理学分会、体质与健康分会、体育信息分会、体育工程分会、体育建筑分会、体育统计分会、学校体育分会、体育史分会、武术与民族传统体育分会、体育管理分会、体育产业分会、体育新闻传播分会、运动生理与生物化学分会、体能训练分会、反兴奋剂分会、运动营养分会。这些分会在纵向上相互联系，横向上相互促进，逐步形成了较为完善的体育科学学会体系。

➡➡ **体育教材和专著大量涌现**

自 1981 年人民体育出版社出版《体育理论》后，以学科命名的教材和专著大量涌现。在原《运动解剖学》和《运动生理学》的基础上，分化出《运动生物力学》（全国体育学院教材委员会体育系通用教材组，1981）、《运动生物化学》（体育院系教材编审委员会，1982）；1983 年，在原体育理论课程的体育概论、学校体育、运动训练和群众体育四大部分基础上，建立了体育概论、学校体育学、运动训练学和群众体育学(后来被社会体育学所取代)四门独立学科,相关的著作有《体育概论》(曹湘君,1988)、《学校体育学》(《学校体育学》编写组,1983)、《运动训练学》(田麦久,1983)、《群众体育学》(王则珊,1990)等。

随着体育科研机构的发展及教育改革,人文、社会、自然学科深入体育研究领域,加上体育理论的理解与实践的发展,大批体育分支学科和新兴体育学科涌现。体育学通过与其他学科交叉,也创立了体育学新学科,相关的著作有《体育统计学》(杨敏,1982)、《体育管理学》(武汉体育学院编写组,1984)、《体育经济学》(曹缔训,1985)、《体育美学》(胡小明,1987)、《体育情报工作理论与实践》(马铁,1988)、《体育哲学》(黄捷荣,1988)、《体育伦理学概论》(潘靖五、茅鹤清,1989)等。

➡➡ **体育学学术期刊迅猛发展**

体育学的发展与体育研究分不开,学术期刊的质量体现了体育学科和体育学的发展水平,这时期体育学术期刊得到迅猛发展。仅十年时间创刊几十种,比如1979年:《辽宁体育科技》《山东体育科技》《体育科技》《浙江体育科学》《湖南体育科学》(1997年停刊);1980年:《体育与科学》《安徽体育科技》《贵州体育科技》《田径》《山西体

育科技》；1981年：《体育科学》《广州体育学院学报》《湖北体育科技》《解放军体育学院学报》（2011年更名为《军事体育进修学院学报》）《天津体育学院学报》《中国学校体育》《体育教学》；1982年：《四川体育科学》《沈阳体育学院学报》《福建体育科技》《中国运动医学杂志》；1983年：《体育文史》(2002年更名为《体育文化导刊》)、《哈尔滨体育学院学报》；1984年：《西安体育学院学报》、《体育教学与研究》（现更名为《体育科学研究》）、《当代体育》；1985年：《山东体育学院学报》《首都体育学院学报》《体育成人教育学刊》《吉林体育学院学报》《西藏体育》《青海体育科技》；1986年：《山西师大体育学院学报》（2011年更名为《体育研究与教育》）；1987年：《体育学通讯》（1994年更名为《体育学刊》）《南京体育学院学报(社会科学版)》《河北体育学院学报》；1988年：《内蒙古体育科技》。此后，我国体育学术期刊、报刊和相关著作由增速转向提质发展，新创刊数量有限，但刊物的质量较以前有大幅度的提升。

▶▶ 创生繁荣：世界交融阶段

我国体育学经历过独自探索阶段后，不再一味模仿其他国家的学科模式与学术体系，逐渐地在与世界的交融中尝试构建具有中国特色的理论体系，在人才培养、科学研究、学科设置等方面得到创生发展，逐步步入体育研究现代化阶段，走向世界一流建设道路。

➡➡ **纳入哲学社会科学规划**

1996年，经全国哲学社会科学规划领导小组批准，体育学被正式纳入由国家统一规划管理的哲学社会科学学科领域，列为国家一级学科。1997年，体育学作为国家社科基金资助的19个学科之一，在向全国发布的中长期规划课题和年度课题中，当时的年度资助经费由原来国家体委社科经费的4万元上升为100万元。体育学正式成为我国社会科学领域研究中的重要部分，标志着我国体育学研究在国家层面有了自己的研究平台。1997年，由国务院学位委员会和原国家教育委员会批准，体育学成为一级学科，在《授予博士、硕士学位和培养研究生的学科、专业目录》中将体育学划分为4个二级学科，分别为体育人文社会学、运动人体科学（可授教育学、理学、医学学位）、体育教育训练学、民族传统体育学。2000年，北京体育大学开始招收博士研究生，体育学进入学科大繁荣阶段，研究生教育进入高速发展时期，截至2021年，博士学位授权点增加到30个，新增5个博士学位授权单位。

➡➡ 进入世界一流学科建设名单

2015年,国务院发布了《统筹推进世界一流大学和一流学科建设总体方案》。2016年,教育部废除原有"985工程"等相关文件。这是国家在高等教育发展史上的重大战略调整。2017年,教育部发布了《关于公布世界一流大学和一流学科建设高校及建设学科名单的通知》,北京体育大学和上海体育学院的体育学被列入世界一流学科建设名单,2022年再次入选"双一流"学科建设名单,这标志着体育学被纳入国家宏观学科建设战略中,正式步入世界一流学科建设舞台。

➡➡ 体育学学术期刊国际化

从1998年中文社会科学引文索引(CSSCI)设立以来,体育学学术期刊数量较为固定,在10种左右,收录的体育学学术期刊排名和排位进展呈动态变化。其中《体育科学》《北京体育大学学报》《上海体育学院学报》《体育学刊》《中国体育科技》等期刊一直为CSSCI来源期刊,也代表我国体育学学术期刊的最高水平。《体育科学》《北京体育大学学报》和《体育学刊》获评"2013中国最具国际影响力学术期刊"(该评选由中国学术期刊电子杂志社、清华大学图书馆、中国学术文献国际评价研究中心完成）。

  上海体育学院于2012年创办的《运动与健康科学（英文版）》（*Journal of Sport and Health Science*，JSHS，双月刊），是我国第一份英文版体育学术期刊，也是目前唯一一份被科学引文索引（SCI）和社会科学引文索引（SSCI）两大数据库同时收录的体育类学术期刊，曾获"中国百强报刊"和"中国最具国际影响力学术期刊"等荣誉。2021年，科睿唯安（Clarivate Analytics）公布的《期刊引证报告》（JCR）数据显示，该期刊在SCI收录的体育类期刊中排名第三，位于世界前列。

改造、影响——体育学的宇宙

体育有改变世界的力量。

——曼德拉

南非前总统纳尔逊·曼德拉有一句名言:"体育有改变世界的力量。"现代体育学向着综合性和交叉性的方向发展,现代社会体育现象呈现出多样化、复杂化的发展趋势,以体育为中心的体教、体卫、体旅等多业态融合,体育学与其他交叉学科不断融合往四个面向转变,即"面向世界科技前沿、面向经济主战场、面向国家重大需求、面向人民生命健康"。体育已经成为人们生活中不可或缺的一部分。它与人类生活息息相关,不仅可以改造人类,还能影响世界,在政治、经济、科技、文化等方面,具有无限的发展空间。

▶▶ 运动改造人类

北京大学前校长王恩哥曾说过:"人这一生需结交'两个朋友',一个是图书馆,另一个是运动场。一个是充电、蓄电;一个则是放电。"运动能够让人体产生内啡肽,帮我们释放压力,调节情绪,提升心理品质。运动不仅能给人带来外在的表象上的变化,更能够带来深层次的结构上的变化:运动改造大脑结构功能和身体动作,生成世界认知,从而改造世界。

➡➡ 运动改造大脑

哈佛大学研究表明,长期运动的孩子,大脑会发生惊人的变化。人类大脑具有可塑性,运动可以改变大脑结构,促进新细胞增长,刺激神经系统,提高大脑执行能力,调节内分泌系统等,从而优化大脑功能,使大脑保持最佳状态。

✣✣ 运动改变大脑结构

1. 运动增加海马回体积,增强记忆力与情绪调节能力

海马回位于大脑颞叶区,左右脑区各有一个,其体积可能受到不同经验的影响。海马回与个体空间记忆有

关。持续一年以上的有氧健身运动可使海马回体积增加约 2%，并且，每周健身运动总时间与海马回内部灰质体积呈正相关。海马回体积的增加，有助于提升青少年认知能力，改善记忆力；对帮助成年人保持情绪健康和减缓抑郁具有积极作用；有利于降低老年人患阿尔茨海默病（AD）的风险。

2. 运动增大前额叶皮质体积，促进健康与提高专注能力

前额叶在大脑的前半部，位于额叶运动区和辅助运动区之间。前额叶是大脑皮层面积最大的部分，具有掌控执行功能。麻省理工学院的大脑与认知科学专家经过研究发现，前额叶皮质越发达，做事情或者学习就越专注，不会受到周围其他因素的干扰。由前额叶和顶叶脑区发出的神经活动被公认能够反映出对注意力的控制水平（对于学习来说至关重要）。专家在研究中发现，运动对前额叶皮质有正向效益，长期进行高强度有氧训练的耐力型运动员前额叶皮质体积显著增大；不同类型运动项目运动员间前额叶皮质体积增大呈现差异性，整体呈现为运动员大于非运动员，运动员间因技能专项的不同，其前额叶皮质体积增加的部位不同。比如，篮球运动属于团队对抗项目,需要更全面的观察能力;羽毛球运动属于隔网对抗项目,需要更精确的运动控制能力。篮球运动员与羽毛球运动员间的前额叶皮质体积增大呈现差异性。篮球运动员的颞下回、左侧额中回、脑岛灰质体积有显著增大;羽毛球运动员的左侧额下回、左侧顶上小叶、左侧楔前叶灰质体积有显著增大。

3. 运动改善基底核体积,提高认知和运动控制能力

基底核位于大脑半球深处,与大脑皮层、丘脑、脑干等组织相连。基底核主要负责运动控制功能,也与认知控制(准备、启动、抑制、转换的反应)有关。长期有氧健身运动对运动能力的改变与基底核体积的变化具有调节作用,体适能状况与基底核体积具有正相关关系;对于帕金森病患者、手足多动症者、患有肢体障碍等方面疾病的患者有积极作用。

❖❖ 运动改善大脑功能

人类在社会进步中,通过发现问题、分析问题、解决问题完成进化,在这一系列过程中,运动对大脑功能的改善发挥着重要作用。运动对大脑执行功能的改善、对内分泌系统的调节、对认知电位的控制等均有不同程度的影响。

1. 运动增强大脑执行功能,优化认知模式

执行功能是大脑多种认知功能的集合,主要包含抑制、刷新、转换三个子功能,它能够加工、控制与协调各种认知过程,优化人类认知反应模式,从而使大脑做出适宜的反应。不同类型的运动对大脑执行功能的影响各有不同:有氧运动能够增强人体心肺适能,提高执行功能相关脑区血流水平,提升执行功能神经网络的整体效率;无氧运动通过不同生理系统的运动模式对执行功能有正面影响,比如脑性麻痹患者在接受无氧运动后,其敏捷力、抑制控制能力等均有改善;协调性运动可增进儿童以及老年群体的抑制能力与选择性注意力表现,促进身体的动作协调与大脑的认知功能。

2. 运动调节内分泌系统,有利于认知功能提升

胰岛素样生长因子1(IGF-1)、生长激素、脑源性神经营养因子在血管形成、神经生长、突触可塑性和细胞增殖等过程中发挥着重要作用。有氧运动可以提升大脑脑源性神经营养因子水平,在运动后20~30分钟生长激素的分泌量达到峰值,60~90分钟内脑源性神经营养因子分泌量显著增加,从而促进其营养因子流进海马回,让海马回神经元得到养分,强化认知表现。无氧运动有利于刺激血管内皮生长因子与脑下垂体分泌生长激素、胰岛素样生长因子1,并促进肝脏分泌生长激素,进而有利于认知功能的提升。协调性运动使脑源性神经营养因子释放,使突触更有弹性并产生新的神经元,通过复杂的动作技巧可促进突触生长及结构调整。

3. 运动控制神经认知电位,加速信息处理

认知电位是神经科学用了解大脑认知和加工过程的测量方式。健身运动中,可通过振幅与潜伏期来了解大脑内的认知信息处理过程。长期有氧运动可以减少对认知控制的依赖,运动规律的人群在应对认知相关任务时反应时间更短;无氧运动使前额叶皮质和运动皮质活化增加,活化的程度随着运动强度的增加而上升,运动结束活化程度随之下降。

➡➡ **动作生成世界认知**

生成认知科学主张认知是通过身体活动生成的,行动者在情境中利用知觉来指导自己的行动,通过知觉引导的行动"生成"或"造就"一个自己的世界。认知结构形成于经常和反复出现的感觉运动模式,与身体构造和身体活动具有紧密联系。这种认知是包括大脑在内的身体的认知,体育运动中身体的解剖学结构、身体的活动方

式、身体的感觉和运动体验决定了我们怎样认识和看待世界。认识世界的方式是被身体及其活动方式塑造出来的,人类的理性也来源于长期进化过程中身体的感觉运动模式。

✥✥ 运动模式造就认识世界方式

1. 运动模式构建认知结构

认知起源于感觉运动的身体活动,经常和反复的身体感觉运动模式造就了人们的认知结构,影响了人们认识世界的方式。"身体化生命的生物学因素渗透到认知的方方面面。"各种身体活动,包括体育运动,都会对人类的认知过程产生不可磨灭的影响。比如羽毛球中的"擦网球",是羽毛球回落对方场地过程中触到网,再跌入对方场地,由于出其不意,很难预计落点,对方球员很难应付,体育运动中身体的这种特殊获利方式引申出来,隐喻那种在规定界限边缘而不违反规定的事。另外,由于长期的身体动作训练,特殊的神经元在动作观察和动作执行两个阶段皆可激活,被调整到最佳状态,运动员比其他人更善于辨别某种特殊的身体动作,比其他人具备更敏锐的知觉。这些事例典型地表现了体育运动对人类思维的影响,经常和反复的身体动作会改造我们认识世界的结构。

2. 不同运动模式塑造不同认知

不同运动模式下,产生的思维与世界观会有所不同。比如,叶浩生团队曾在实验中,让受试者用抬头、平视、俯视等不同角度观看同一短片,发现其对短片内容产生的身体反应和思维模式截然不同;再比如,经常参加篮球、足球运动项目的人,其团队项目特征被引申出来,让人在交流合作中,善于把最好的机会留给最佳的人员,用团队合作的方式去构建世界;参加体操等项目的人,经常接受扣分式的评分方式,这种近似"苛刻"的判定方法,引申到人认识世界的方式多为批判式思维。这些例子从另一个角度证明了体育运动对认知世界方式塑造的意义。

❖❖ 运动模式塑造人类理性

人类的理性既非来源于康德式的"先验范畴",也非建立在后天的条件反射基础上,而是来源于人类长期进化过程中身体的感觉运动模式。人们对事物的理解来源于身体活动的认知,对事件的语言描述来源于运动感觉体验。

1. 经验图式促成认知思维

人类在进化的社会生活中形成的身体活动经验构成了认识世界的各种图式:比如人类每天为了生活,从一个

地点走到另外一个地点,再返回起点回到居住处,这样日复一日、年复一年的行动轨迹,就形成"始源—路径—终点"的路径图式;物品放进储物器中,又从储物器中拿出来,形成大空间可以容纳小空间的容器图式;用手可以推动一个物体,也可以阻挡一个物体的前进,由此形成力量图式。

2. 身体活动方式造就思维方式

体育运动中内在的身体活动方式造就我们的思维方式,比如生活中"迈上新台阶""跨越式发展""高举中国特色社会主义伟大旗帜"……这些经典的论断,都来源于身体活动中迈、跨、举等活动方式的引申。再比如,足球运动中的"越位""红牌"等,经常用来指日常生活中的特殊行为与方式。从这些现象可知,我们认识世界的思维方式是被身体活动方式塑造出来的,体育运动的动作对生成世界认知具有重要意义。

▶▶ 体育影响世界

体育是社会发展和人类进步的重要标志,是综合国力和社会文明程度的重要体现。在某种程度上,体育反映了一个国家和地区在经济、科技、政治、文化等领域的发展程度。世界百年未有之大变局,更激活了体育多种潜在功能,推动体育向多维度发展,形成多维交织的新格局。习近平总书记在教育文化卫生体育领域专家代表座谈会上的讲话中指出:"体育是提高人民健康水平的重要途径,是满足人民群众对美好生活向往、促进人的全面发展的重要手段,是促进经济社会发展的重要动力,是展示国家文化软实力的重要平台。"体育在社会、政治、经济、文化、科技等领域发挥巨大作用,甚至影响世界发展。

➡➡ 体育与政治

体育脱离了与之相关的政治、经济等社会制度,几乎无法生存。体育本身的内在属性,决定了体育与政治之间密切的关系,但是,自现代奥运会诞生以来,国际奥委会就始终高扬非政治化的大旗,提出奥林匹克运动会不是政治运动。在构建人类命运共同体的今天,为使体育更加符合人类整体利益和长远利益,体育不能政治化,但同时也通过政治诉求和意愿的表达来影响世界,与世界交融。

✦✦ 通过举办体育盛会展示国家形象

各国通过申办奥运会来展示国家形象,包括历史上国家主权存在与现代国家综合实力的象征。历史上,政

治家们通过举办奥林匹克运动会,强调国家民族主义的存在。例如,1960年第17届夏季奥运会举办地是意大利的罗马、1964年第18届夏季奥运会举办地是日本的东京、1972年第20届夏季奥运会举办地是德国的慕尼黑,这些举办国都是第二次世界大战的战败国,通过举办奥运会强调自己国家主权的存在,以此作为战后国家对外经济开放与对外交往的良机。再比如,自1980年冬奥会以来,夏季奥运会和冬奥会总共举办23届,主办国在申办年的国内生产总值(GDP)排名总体上居于世界前15名的有23届,从一定意义上说明,只有经济综合实力较强的国家才能举办奥运会。北京成为第一个既举办过夏季奥运会,又举办过冬季奥运会的"双奥之城",更是展示了中国人民对国际社会做出的庄严承诺,向世界展示了中国如今的繁荣昌盛,向世界贡献了中国智慧与中国方案。

❖❖ 通过体育外交改善国际关系

人类的体育外交,早在奥林匹克运动号角吹响的那一刻就已经产生。国家通过体育外交来改善国际关系,表达和平和民族统一的意愿已成为一种国际性的政治手段。《国际体育教育、体育活动与体育运动宪章》中指出,体育在实现和平以及冲突后、灾后目标方面的重要作用,认为"应提倡和利用体育运动促进发展与和平举措来支持预防冲突、冲突后和灾后干预、社区建设、国家统一以及促进有效发挥民间社会职能和实现国际发展目标的其他工作"。比如中美建交,就是从乒乓球外交开始的;朝鲜和韩国从共同组队参加世界大赛,到2018年韩国平昌冬奥会两国体育的深度融合,充分展示了"和平"的主题。党的十八大以来,习近平总书记的体育"元首外交"开创了中国特色体育外交的崭新局面:构建新型大国体育外交关系,稳定和拓展周边睦邻友好体育外交关系,促进"一带一路"沿线国家体育交流等已成为构建新型国际关系和人类命运共同体的新亮点。

➡➡ 体育与经济

体育与经济社会交织相融,互助互益。作为现代体育象征的奥林匹克运动会从诞生开始,就与经济息息相关。从最开始"主办奥运会"是该都市的荣誉,财政全权由主办地负责,到后来奥运会商业开发的盈利与亏损风险并存;从体育产业萌芽到成为国家重要支柱产业;从体育的商业开发反过来催生体育项目本身的变化,无不显示体育以其独特的经济价值影响世界发展。

❖❖ 奥运商业开发,收益与风险并存

1984年前所举办的奥运会,其承办城市的财政都出

现不同程度的危机。1984年洛杉矶奥运会，创造性地将奥运会与商业密切结合，通过电视转播权销售、门票、纪念币发行、企业广告费等，成本仅花了5亿美元，便成功收获了约2.5亿美元的盈利。国际奥委会（International Olympic Committee，IOC）数据显示，2000年悉尼奥运会是最赚钱的奥运会，获利达到了3.675亿美元；2008年北京奥运会获利约为1.46亿美元。奥运会全方位促进了主办国的经济发展。但奥运会商业化运作的不稳定性，也导致了收入的不稳定性，出现亏损现象。比如2004年雅典奥运会，为了体现现代奥运故乡的特点，雅典斥巨资举办奥运会，为日后的希腊政府破产埋下伏笔，奥运赤字达到80亿美元；2016年里约奥运会所需的高额费用让经济上捉襟见肘的巴西雪上加霜，赤字达到20亿美元；2020年东京奥运会累计投入总额达到1.644万亿日元（约154亿美元），但受疫情影响，东京奥组委收支出现巨额赤字。

❖❖ 体育产业形成，助推国家经济

体育产业从19世纪50年代萌芽，现已成为国民生产总值的增长点。1998年，美国体育产值达631亿美元，占国民生产总值的1.3%，超过石化和汽车的产值；意大利以"足球产业"为主体的体育产业，已成为国民经济的

重要支柱。我国的体育产业连续10年保持20%以上的增速,增加值从2006年的982.9亿元增长到2015年的5 494.4亿元,2019年达到历史最高的29 483亿元。体育产业在国民经济发展和经济强国建设中的作用和价值越来越突显,对GDP的贡献与欧美发达国家体育产业总值占据GDP总值的3%相比,还有很大提升空间。我国体育产业产值到2025年将达到5万亿元人民币,面向国家经济建设的主战场,体育产业成为拉动我国国民经济的新的增长点。

❖❖❖ 体育商业运作带来格局变化

国际体育组织对竞赛的商业化运作,使世界竞技体育的竞赛形式、制度和格局都发生了变化。随着经济效益的增长,各种名目的竞赛形式越来越多,比如各种杯赛、积分赛、系列赛、排名赛、精英赛等,导致运动员参赛的频次越来越高,伤病出现概率越来越大。到了总决赛,已不是运动员技战术本身的比拼,而是由身体的健康程度决定比赛的走势。另外,随着比赛的增多,运动员的收入也在增加;各种比赛冠军奖金也在不断提高,欧冠的冠军奖金达到上亿欧元。这些都促进了体育的职业化进程,从一定程度上促生体育职业大联盟。

➡➡ **体育与科技**

"科技改变生活",对于体育来说也同样如此。现代科学技术已经渗透到包括体育在内的人类生活的方方面面,人们对健康的需求,以及运动员体育运动成绩的提升,都离不开科技的支持。一方面,由于现代竞技体育水平越来越高,运动员提高运动成绩的难度越来越大,许多国家的体育工作者和教练员都力争充分利用最新科技手段来挖掘人体运动潜力,探究人类运动极限,加大科技工作的投入与研发力度;另一方面,随着人们对健康的要求越来越精准化,科技设备和智能装备也已随处可见,不断在创新中满足人们对幸福美好生活的需要,以此改变人类生活。

❖❖ **科技应用于体育,改变世界竞技格局**

竞技体育发展到今天,高水平的竞技胜负往往在毫厘之间。运动员完全靠天赋去战胜对手,教练员仅凭经验去培养人才已经难以取得成功。利用科技促进体育发展、提升运动成绩,是竞技运动发展的趋势。科技助力运动成绩的提升、新技术装备的创新、运动营养的科学摄入、科研队伍的组建、体育元宇宙科技的嵌入等无一不彰显"体育的科技力量"。

1. 科技设备的创新,有助于创造纪录

"更高、更快、更强、更团结",依靠科技的进步,人类的极限一次又一次被突破,不断提高运动成绩。纵观奥林匹克运动发展史,撑杆跳高项目撑杆的材质从1896年第一届现代奥运会的木杆,经过竹、金属、玻璃纤维到碳纤维杆,运动成绩从最初的3.3米提升至目前的6.21米(男子);20世纪80年代问世的克莱普冰刀采用后端与冰靴分离的设计,增大了踝关节的用力和蹬冰距离,在1 000米以上距离的速度滑冰比赛中较传统冰刀可以提速5%左右,到1998年长野冬奥会时获得全面使用。1999年澳大利亚的伊万·索普和美国的珍妮·汤普森在泛太平洋游泳冠军赛上,都穿上一种叫"Fast Skin"(利用纳米技术采用聚四氟乙烯材料研制而成)的连身泳衣,这种泳衣有效减少水与人体之间的运动阻力,有助于游泳者合理分配关节和肌肉的负荷,从而减轻疲劳。速度自行车用以力学性质为主的超轻型材料和塑型材料,替代刚性为主的铁性材料,以减轻运动中的负荷,提高自行车的耐用性,从而提高运动成绩。高科技运动鞋的设计助力径赛运动员,1996年亚特兰大奥运会上,美国名将约翰逊穿着特制的重量约3盎司的神奇跑鞋,夺得两枚金牌并刷新世界纪录。

2. 运动营养的补给,有助于满足人体需求

运动员由于个体差异及运动项目的不同,根据比赛日程紧密的安排,在运动比赛的不同进程,需要对营养的补给有的放矢,争取超量恢复。生物力学、探测器和电子计算机等科技手段的介入,不仅可以控制运动员的肌肉运动模式,还可以根据测得的数据,得知其体能储备,根据能量消耗补充每日所需热量。例如,一个田径运动员正常所需要的营养供给为:50%～60%的碳水化合物(面点、大米、粗玉米粉、水果等);20%～30%的脂肪;10%～15%的动物蛋白质(鱼、火腿等);其他,如糖、绿色蔬菜等。以持续运动和爆发运动为主要运动形式的运动员,除在日常生活中摄入肉类外,还需要适当补充肌酸冲剂,将肌酸冲剂作为饮食搭配内容以满足身体对肌酸元素的需要等。

3. 团队的科学组建,有助于激发潜能

现代运动成绩的取得,离不开运动员背后整个团队的付出,团队的科学组建成为激发运动员最大潜能的关键。团队包括:其一是教练队伍,现代竞技格局为总教练下的主教练,主教练下的主带教练和助理教练,教练队伍的分工越来越细,任务也越来越明确,教练队伍的组建需

要发挥成员各自的特长,形成强强联合,组成最强团队;其二是心理治疗师,随着竞技运动的发展,心理智能与心理调节显得至关重要,对伤病心理的克服、赛前心理的动员、赛中心理的调节、赛后心理的疏导等成为竞赛中重要的一环;其三是队医,运动训练是一个适应—负荷刺激打破平衡—建立新的适应的过程,因此,运动员机体长期承受超量的运动负荷,队医不仅要在运动员受伤时给予治疗,还要对运动员的身体状态进行评估,给出关于训练负荷承受量的建议或处方,以避免运动员受伤;其四是按摩师,要对运动员的身体了如指掌,进行主动恢复性按摩和赛前的肌肉激活;其五是营养师,要依据运动员运动负荷的大小及季节的不同,并根据营养学的要求制定运动员的食谱,还要根据运动员的不同类型,以及运动员所从事不同运动项目的性质,进行严格的膳食控制管理;还有家人,良好的家庭环境和亲情关系等对保持运动员的精神稳定常常是必不可少的。事实上,许多运动员的成绩上不去时,父母的作用显得尤为重要。他们不仅能鼓励孩子向已制定的目标冲刺,而且往往可以代替教练。比如,北京冬奥会上谷爱凌的母亲总是与女儿紧紧相随;姚明的成功离不开身为篮球运动员的父母的熏陶和培养;等等。

4. 体育元宇宙应用，有助于应对未来

"元宇宙"(metaverse)从词本身来看，包括超越(meta)和宇宙(universe)两部分。其主要包括现实与虚拟空间的交融形态、科技的创新发展、沉浸式体验、集合技术应用等要素。人们的现实生活与21世纪网络信息技术的发展相交融，体育事业的发展在网络技术的信息化、数字化和网络化驱动下不断增强活力、提高质量。一是通过元宇宙虚拟空间和现实空间融合，打造更专业的训练场景和专业训练器材。比如冬奥会赛场上，冰雪项目的"风驰电掣"和"高速列车"感官，比如短道速滑最高时速可超过50千米、跳台滑雪最高时速可超过90千米、雪橇最高时速可超过140千米。为了模拟运动员高速滑行和飞行时的风阻，帮助运动员克服空气助力，我国在备战北京冬奥会时建立了世界最大的跳台滑雪风洞实验室，将空气动力学领域的科技成果用于提高成绩，成为竞技体育科学化的范例。二是可通过元宇宙中真实的战术模拟和沉浸式比赛体验，规范运动动作。比如：球类运动项目中从利用智能篮球比赛分析系统Sport VU进行技战术分析，到全面采用人工智能公司Second Spectrum人工智能算法；基于全身动作分析的高尔夫球员辅助训练装备My Swing Professional的使用等，不断帮助运动员改进训练

方法;通过模拟装置可以快速准确地测试出运动员的最佳运动姿势。跳水跳台等高危项目训练,可以通过模拟测试和建模构建完美的运动方案,提高训练功效。三是在技术复杂的球类项目中,教练员可以基于元宇宙中集合技术的综合应用,得出准确的数据信息反馈,从而制订适应训练计划和体能战术分配方案等。在复杂的球类运动项目中,基于计算机学习和人工智能技术的无标记视频捕捉及智能化快速处理系统,可以精准采集和分析运动员训练和比赛中各种跑动、跳跃以及加减速情况,使运动员训练负荷的个体化成为可能。在自由式滑雪、花样滑冰、体操等技巧类项目中,运用多台高速智能化摄像机进行精准测量,捕捉到人眼难以分辨的动作差异,已成为此类项目裁判或教练系统的一部分。人工智能、虚拟仿真、信息通信技术、生物技术和新材料等高科技在体育中的广泛应用,将改变竞技体育的世界格局。竞技体育的关键领域,都离不开科技创新与服务,2022年北京冬奥会中的高科技成果充分诠释了对未来科技的应用。

❖❖ 科技助力体育,促进全民健康

"如果你想健壮,跑步吧! 如果你想健美,跑步吧!"两千多年前的希腊格言,已成为人们遵循的生活信念。健康成为全人类的共同追求,伴随着现代科学技术的进

步及社会生活方式的变革,人们的体育运动方式发生了翻天覆地的变化,不再局限于跑步等基本运动形式,让体育高科技成果为全民健康服务,为人类健康做出贡献,是体育的应有之义。

1. 科技助力场馆建设,普及大众

现代化体育科学技术助力智能化体育场馆从小众走向大众,有助于城镇社区 15 分钟健身圈的快速形成。比如北京冬奥会水立方水转冰技术,大大提高了场馆的利用率,既可以做到游泳—滑冰国际赛场的切换,也可以做到竞技比赛和大众健身的切换,更好地服务大众,实现大型场馆全民健身开放;城镇社区 15 分钟健身圈及智能化 App 为大众健身带来更便捷,比如智能化的户外健身器材、立式健身车、上肢屈伸双功能训练器、智能竞赛车等智能化体育设置,只需要通过手机扫描二维码,健身者既可以看见锻炼方法,又可以获得即时锻炼数据,自动生成个性化运动处方。

2. 科技体育深度融合,变革运动

科技发展,有助于提升人们的体育运动水平,让人们更科学地提升运动表现,享受运动快乐。一是新兴科技产品让人们能够科学、健康、高效地运动。比如在智能穿戴设备的支撑下,跑步变得更加享受和科学。借助GPS等移动定位功能,记录跑步公里数及配速、步频/步幅等;借助智能手表/心率带等,记录心率、触地/腾空时间等,可以随时监测自己的跑步习惯与身体状态;通过融合科技的专业跑步鞋,不断改善跑姿与提升运动表现等。二是新兴科技在体力活动中的应用,通过体感游戏机、虚拟现实仪器等实现健身运动虚拟与现实的结合,通过人机交互运动,让足不出户的虚拟运动和真实运动体验相结合,同样达到健身效果。

3. 科技创新体育传播,服务多元

运动健身平台借助科技力量,突破传统运动边界,提供多元的服务,满足不同人群的健身需求。运动健身平台通过向用户提供数据记录与分析,丰富运动健身课程等,同时掌握用户全运动生命周期特征,提供个性化专业服务;根据个人需求,线上线下结合,从减肥或增肌,拓展到办公室放松等多个日常场景,满足老中青少幼不同人群需求。体育赛事通过元宇宙的传播,增强沉浸式效果与趣味体验。2021年,在中国移动咪咕与美职篮共同举办的篮球嘉年华上,"魔术师"约翰逊等美职篮球星以跨时空全息投影的方式与主持人对话,中国移动咪咕推出

首个篮球数智虚拟人物"古逸飞"[1]。体育科技已成为推进全民健康的重要动力,为满足人类更为精准、更高质量的健身助力。

➡➡ 体育与文化

"啊,体育,你就是培育人类的沃地!"正如现代奥林匹克创始人顾拜旦创作的《体育颂》所言,体育是人类文明的象征,体育是一种特殊的社会现象,也是一种文化,体育呈现了文化的高级形态,展现了人类文明;体育促进了多元文化的融合,推进了全球化发展。

✤✤ 体育呈现了文化的高级形态——展现人类文明

1. 文明其精神,野蛮其体魄

毛泽东曾在《体育之研究》中进行了经典的论述:"欲文明其精神,先自野蛮其体魄。苟野蛮其体魄矣,则文明之精神随之。"是的,精神的文明建立在身体的强健之上。一是体育本是"野蛮的文明",在球场的对抗竞争中,在拳击的对打中,在力量的较量中,时不时出现暴力现象,但人们通过竞赛规则、行为规范准则,把野蛮的行径变成大

---

[1] 李宜岚.元宇宙背景下体育赛事传播创新研究[J].新闻研究导刊,2022,13(05):13-15.

家遵守的规范文化,建立体育"阳光""健康"的美好社会形象,展现了人类文明。二是体育竞赛记载了人类潜能的进化过程,每项新的成绩、新的纪录,新的高难技术的诞生,都标志着人类运动能力又向前一步。速度的极限、高度的极限、长度的极限都是人类进化的一种文化象征,可以是奥运的纪录、也可以是国家、地区、校园的纪录,都象征着人们征服自己、创造奇迹的人类文化。三是体育宣言,例如奥林匹克原则,体育竞赛中树立的"公正、民主、协作、团结、友谊、谦虚、诚实"等价值观念,都是人类精神文明的结晶。

2. 丰富文化生活,传承节庆文化

出于人民群众对美好生活的需求,为了延缓"现代文明病"蔓延的压力,体育逐渐成为人们生活内容的重要组成部分,逐渐形成了一种科学、健康、文明的体育生活方式。人们可以通过体育活动排解不良情绪,释放心理压力,加强人际交往,等等。体育活动已在人类生活中扮演重要的角色。人们可以通过观看体育比赛,从中感受竞赛带来的优美、协调;通过竞赛来体验胜利、分享喜悦、感受悲壮等。人们在生活中创造体育,体育又回归人们的生活,带给人们丰富的文化生活体验。体育盛会上的各种文艺礼仪表演,展示了盛会文化。比如,北京冬奥会的

"中国式浪漫":"二十四节气""黄河之水""破冰而出""燕山之雪"等展示了中国优秀文化的博大精深与源远流长;北京夏季奥运会的"击缶迎宾""脚印跋涉""舞动放鸽""飞天点火"寓意着欢庆团聚、民族期盼、奥运和谐、燃烧激情等中华内在文化特征。

✢✢ 体育促进文化的大融合——推进全球化发展

随着世界政治多极化、经济全球化、文化多样化、社会信息化的深入发展,各国综合国力的竞争日趋激烈,迫切需要提高文化开放水平,广泛参与世界文明对话。在第 66 届联合国大会上,中国常驻联合国副代表王民说:"体育对促进社会发展、维护世界和平具有积极作用,国际社会应将体育融入维和、发展、教育、卫生、男女平等、残疾人权益保障等全球合作议程,并更好发挥体育对实现联合国千年发展目标的促进作用。"体育文化是人类社会文明与进步的产物,已成为一种具有重要影响力的社会文化活动,潜移默化地改变着世界上数以万计的信仰不同、肤色不同的人的生活观念与方式,推进体育全球化发展。

1. 凝聚精神内因,合而求同

体育文化具有巨大的凝聚力,从国家内部和民族大团结角度来看,体育文化交流中呈现的爱国主义、集体主义、民族精神是其他文化所不能比拟的。比如,虽然平时人们相互之间有不同的观点表达或不同的诉求,但是在观看体育竞赛时,大家潜在的集体荣誉感和团队归属感就会迸发,发自内心地为自己的同胞、为自己的国家加油,就像大家对待自己家人、家乡一样,在心灵深处"纵然自己骂它千百遍,但是不许别人说它一句不好",这种内在的情感和社会凝聚力、向心力,促进社会稳定。1981年到1986年,中国女排赢得首个"五连冠",近40年间,中国女排10次荣膺世界排球"三大赛"冠军,其影响力早已超越体育本身。习近平总书记曾在会见中国女排代表时指出:"广大人民群众对中国女排的喜爱,不仅是因为你们夺得了冠军,更重要的是你们在赛场上展现了祖国至上、团结协作、顽强拼搏、永不言败的精神面貌。"女排精神已经写进中国共产党人的精神谱系!从国际层面看,体育文化交流将不同国家、不同民族、不同文化的人聚集在一起,参加体育的盛会,合为一个大集体。例如,2008年北京奥运会参赛团来自204个国家和地区,体育文化这种超越思维方式、思想观点、价值理念的凝聚功能是其他文化难以具备的。它能海纳百川,聚世界为一家。

2. 多元文化认同，共生共存

正所谓"世界的就是民族的，越是民族的越是世界的"。在任何条件下，全球文化的共性与民族文化的个性都是共生的、互为前提的。正是多元文化的互动，促进了世界文化共性的形成与增强，而世界文化共性的增强又促进了多元文化自身的丰富和发展。从体育全球化的发展历程来看，现代体育之所以成为全球化程度最高的社会文化现象，根本原因在于它以民族文化作为依托。比如马球，源于吐蕃，兴盛于唐代，被称为"击鞠"，近代由西藏传入印度，而后经英国人带回本国，流行于欧美；羽毛球运动的起源有很多说法，其中之一为羽毛球起源于日本，传到印度，经英国人改造诞生了现代羽毛球运动。这些项目都是在民族文化基础上加以改造而推广到世界的，在世界上获得文化认同继而得到广泛认可，实现了全球化发展。在全球化过程中允许文化的多样化，不同民族的体育文化在结构和方式上存在一定的差别，比如足球中的"桑巴足球""德国战车"等都具有不同的文化特征，但在本质上都是一种足球体育文化，具有超越国界、超越地域、超越种族、超越政治的特征，为民族多元文化的认同提供了同一性的可能。正是在保留民族文化的多元特色基础上有改造和创新,足球文化这一同一文化才成为人类共享的体育文化。体育是全人类共同的文化财富,体育文化全球化是在多元民族体育文化发展的基础上形成的,两者共生共存:民族体育文化提供文化资源,体育文化全球化又为其提供适宜的展示舞台。

　　人类在自然发展的长河中,经历了急流险滩,但自然之力毕竟控制着向前发展的方向。体育的发展,终究要契合宇宙时空的永恒目标,促进人类自身和社会的发展。可以预见,随着社会文明的整体进步,体育所体现出的"改变世界的力量"将会更加显著!体育必将在新世纪人类社会焕发出更灿烂的光华!

理论篇

体育学体系

  体育学之"学",并非仅指一种结构化的"学科",而是指体育的学问或知识。因此,基于知识视角的体育学,就是一种体育知识按照某种内在联系整合在一起的知识体系。从科学史角度来看,概念是不断演变和不断更新的。体育活动形式从最开始的简单游戏,到现在的竞技或者健身或者教育等,变得多种多样,与这些活动相关的体育学知识也逐渐呈现出综合性和整体性,与其他学科的交叉、跨界的融合也越来越多。在"学科革命"之后,以美国为代表的学术界逐渐认同 kinesiology 这一概念指代体育学,英国体育学的名称是体育与锻炼科学(Sport and Exercise Science),法国为独立的学科 STAPS(Science and Technology in Physical Activity and Sports),这些都代表了体育学在世界范围内的趋势。因此,我们应该站在世界体育学历史发展的高度,结合我国体育学的现状,从不同的语境和具体的维度来认识体育学。从宏观上来看,应该是整个体育学知识体系的总称;从中观上来看,应该是单一学科的体育学;从微观上来看,体育学是高等院校开设的一门具体的课程。

宏观：体育学知识

> 体育是社会发展和人类进步的重要标志，是综合国力和社会文明程度的重要体现。
>
> ——习近平

体育学是研究人类体育活动中所有体育现象、规律及本质的科学知识体系，会涉及跨学科、交叉学科等多个领域的知识体系，形成庞大的"体育学"家族群。随着社会的发展和人类的进步，这一家族群还会产生无限的变化。因此，宏观上对体育学知识体系的构建，需要对各学科专门领域的基本范畴按照一定的逻辑要求加以系统化，构成不同层次和作用的逻辑体系。从体育学历史的演绎来看，体育本身经历了从初级到高级，从简单到复杂的过程，是从体育活动的实践逐渐上升为完整、系统、科

学的知识体系。因此,根据其逻辑递进关系,可以构架为以体育运动的产生这一体育行为作为逻辑起点,逐渐形成体育制度这一逻辑中介,最后回归到作用于人的人文体育这一逻辑终点(图5)。

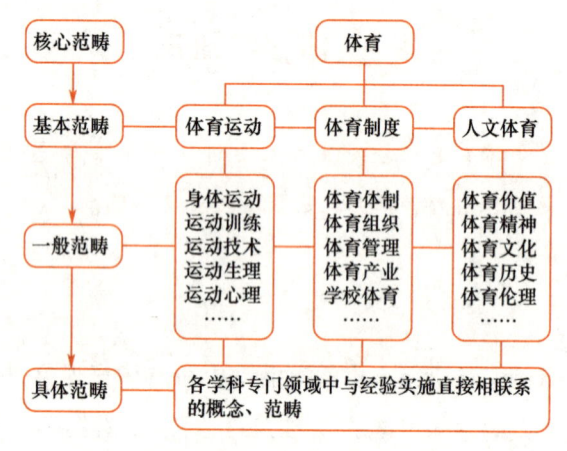

```
核心范畴 ──────────── 体育
                        │
基本范畴 ── 体育运动   体育制度   人文体育
              │          │          │
           身体运动    体育体制    体育价值
           运动训练    体育组织    体育精神
一般范畴    运动技术    体育管理    体育文化
           运动生理    体育产业    体育历史
           运动心理    学校体育    体育伦理
           ……         ……         ……
              │
具体范畴 ── 各学科专门领域中与经验实施直接相联系
            的概念、范畴
```

图5 体育学基本理论范畴体系的基本结构

▶▶ 体育运动知识

迈克尔·波兰尼认为人类具有明确知识(显性知识)和默会知识(隐性知识)两类知识,任何认识活动都根植于默会知识,即使是显性知识的获得也依赖于个体的默会能力。体育是一种以运动实践为主要特征的社会文化现象,体育运动是体育技能的一种外在表现。体育学在研究对象上与其他学科的显著区别在于体育运动或体育技能,因此体育学知识也是从基于体育运动的技能默会知识开始,进而扩大到体育默会知识与体育理论知识的转换,再到体育运动与其他领域知识的升华。

➡➡ 体育运动中的默会知识

默会知识被称为"前语言的知识",是建立在焦点意识和辅助意识之间的动态关系上,从(from)第一个项目转向(to)第二个项目的动态过程之中的[1]。简单来说,人们在体育运动中形成的默会知识可分为体育技术、体育技能、体育技艺三个层次。

✥✥ 体育技术

体育技术是指体育动作方法,包括动作要素和技术结构。动作要素包括身体姿势、动作轨迹、动作时间、动作速度、动作速率、动作力量和动作节奏等;技术结构包括动作基本结构和技术组合,动作基本结构是动作基本环节和环节之间的顺序,技术组合是指由若干个独立的

---

[1] 王雷.论体育学的学科特征[D].福州:福建师范大学,2017.

技术动作联结组成的集合。体育技术知识主要是指未涉及人的主观能动的创造力与思想的运动动作本身的知识。

✤✤ 体育技能

体育技能是比体育技术更高一层次的默会知识。体育技能是人掌握和运用运动技术的能力,具有主观意识的主体存在。体育技能包括感知觉能力、对掌握运动技术的再现能力等,是运动技术熟练掌握后,熟能生巧达到的层次。人们在运动技能的习得过程中仰仗于辅助意识和焦点意识的动态变化。比如在打篮球时,首先关注的焦点是球有没有进,力量是否大,投的抛物线是否正确,注意手持球是否正确,发力的顺序是否合适,这样可能投中的概率会大一些。再比如初级篮球运动员可能更多的是练习原地投篮,从持球到抬肘、伸臂、屈腕的动作,随着运动水平的提高,可能急停跳起,身体的稳定性成为训练的必需项目,也成为技能更加成熟的标志之一。

✤✤ 体育技艺

体育技艺超越体育技能,是更为高级的默会知识。体育技艺相对体育技能来说,体现了运动的人在技术运用上的创造性改造和技术上的升华,达到一种美的享受。

一般而言，体育技能能够通过"规则"进行学习和习得，但体育技艺只能够通过"师父教徒弟"的方式掌握，需要人为的示范和指导。

人们可以通过观看高水平的运动竞赛，感受体育技艺带来的魅力，继而进行锻炼，进行技术练习，通过技术的熟练掌握，形成技能，通过比赛展示去升华获得的技艺，形成良性循环。

➡➡ 体育运动默会知识的转化

✥✥ 体育运动默会知识显性化为体育理论知识

体育理论知识包含了运动技术（方法）、运动战术（方法）、运动学习方法、运动规则、一般性体育理论知识和显性的自我知识，通过教材体现更为明显。体育教材涉及的是纯体育理论知识的代表，包括体育与健康教材、高等学校体育课程教材、运动训练学教材、运动心理教材、运动生理教材以及各类运动项目（球类、田径、体操类、水上类、冰雪类、中华传统体育类、新兴体育类运动等）教材等。实质上，体育理论知识都是围绕运动实践这一中心点构建的，是运动实践默会知识的显性化，概括起来包括两个方面：一是以不同运动项目为中心而阐发的知识；二是参与运动实践而形成的经验总结。

✢✢ 体育理论知识实践化于体育默会知识

显性化的体育理论知识从来源上来看具有典型的实践性，其最终目的是更好地服务于实践。比如足球运动规则和裁判法，是历年来优秀裁判员执法足球比赛经验和技巧的总结。而规则和裁判法显性化，是为了更好地服务于足球运动实践，让足球比赛更加规范、刺激、有观赏性，根据足球比赛竞赛实践需要而进行规则的修改与判罚的修订，最终是为了更好地形成完善的默会知识。

▶▶ 体育制度知识

体育制度是为了引发、调节、控制、保障人们的体育行为活动而设置制定的体育体制、运行机制、方针政策、组织机构、组织形式以及体育行为规范等。不同时期有着不同的体育制度，一般可以分为三种模式：一是政府管理型，二是社会管理型，三是介于二者之间的政府管理和社会管理相结合的复合型模式。

➡➡ 机构设置

我国现行体育机构设置的总体框架是由国务院统一部署的、政府管理和社会管理相结合的复合型管理结构。

政府管理系统是我国体育事业开展的决策和执行部门，其下又可分为专门的体育管理系统和非专门的体育管理系统。国家体育总局是我国政府专门的体育管理组织；国务院各部委体育管理机构，如教育部设立的体育卫生与艺术教育司以及负责我国军队系统体育工作的中国人民国防体育协会等是我国政府非专门的体育管理组织。

社会组织系统主要由三个部分组成：其一是社会体育组织，包括中华全国体育总会、中国奥林匹克委员会、中国体育科学学会；其二是我国社会群众团体，包括中华全国总工会、中国共产主义青年团中央、全国妇联等；其三是我国民间体育组织，包括一些得到上级体育部门承认并接受其指导、监督的体育组织。

➡➡ **体育体制框架**

自全面深化改革以来，政府职能发生转变，即从管理向治理转变。体育体制改革是行政改革的一个缩影，从20世纪80年代单纯的行政手段，政府包办一切的"举国体制"，到"运动项目管理中心"的成立，迈开了政、事分离的政府职能转变的步伐。但运动项目管理中心这种"管办不分、政企不分"的局面不足以解决政、事、社、企"四位

一体"的困局。为了推进国家体育治理体系和体育治理能力现代化,形成"有为政府、有效市场与有机社会"良性互动的共治格局,我国构建了新型体育体制框架(图6)。

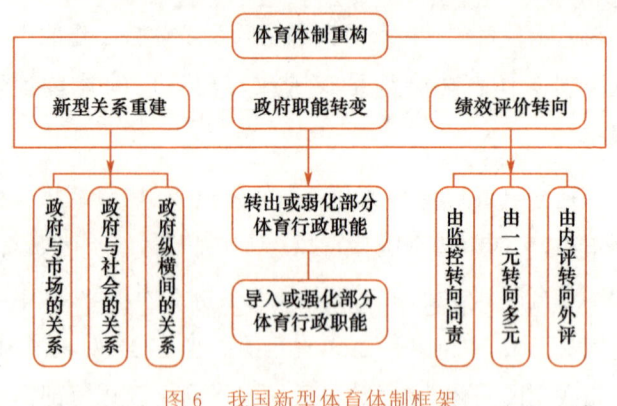

图 6 我国新型体育体制框架

体制的新型关系是通过各种关系构建起来的复杂综合体,包括重塑政府与市场的边界、重建政府与社会的关系、重构政府内部的权责关系等。当前,无论是从"全能政府"转向"有限政府"的改革趋势,还是不断发展变化的经济社会条件和时代背景,以及体育体制重塑的内在要求,都对政府履行体育职能的内容、形式、行为、程序等提出新的要求。政府职能的设定负载着一定的价值取向,必须将其置于当前的时代背景中,进行整体性和关联式的动态考察,进而对政府体育职能的转出、弱化和导入、强化做出价值性判断。推动体育体制改革须将绩效评价与问责制有机结合起来,实现绩效评价从当前政府部门的内部监控向结果问责转变;实现由政府主导的一元评估向社会参与的多元评估转变;由自控性内评向第三方介入的外评转变。这些问题的解决,既能形成杠杆效应,撬动体育体制深层次的利益格局,又能形成"正向激励+反向倒逼"机制,增强政府自我改革的自觉性。

▶▶ 人文体育知识

"人文体育"作为体育的观念形态具有价值导向作用,这种体育观念主张人是体育价值的核心和本位,它是人类体育实践的根本目的和终极目标。"人文体育"作为逻辑终点,将全部体育实践活动的意义最终又落实到人的"体育行为"上,但这种回归不是返回到原来的起点,而是进入更高层面的新起点。人们的体育行为变得更加理性和自觉,人们的体育意识和态度乃至行为效果都可能产生积极的变化。"人文体育"的目标和要求不仅仅针对体育行为者,它同样对体育制度具有价值约束力,这包括体育制度设置和运行机制的合理性,体育政策充分体现人民群众的根本利益和体育需求等。

➡➡ 人文体育的内涵

在人文体育新的内涵中,"塑心育人"成为人文体育的核心理念。所谓"塑心育人",是指在体育运动中培养健全的人格和完善的心智,强调人和人性的品质,肯定人的价值,体现人类对自身的重视。习近平总书记在全国教育大会上提出的"享受乐趣、增强体质、健全人格、锤炼意志"是新时代人文体育的生动写照。"塑心育人"是人文体育的本质精神,也是奥林匹克运动和奥林匹克精神的本质内涵。人文体育代表着人类欣欣向荣的文化。这种文化的基本特征是提倡以"人"为本,反对以"神"为中心,提倡人道、人权和现实幸福,肯定现实生活中的乐趣和享受,提倡身心及善、美的和谐发展。21世纪,人类将有难以意料的巨大进步,当然也一定会带来包括对我们身体在内的许多难以逆转的负面影响。提倡体育的人文精神,有利于克服人的异化和抑制人性的畸形发展,使人能够得到真正的自由和全面的发展。人文体育的核心就是要主动表现体育对人类生存意义及价值的终极关切。跨世纪的体育呼唤人文精神,要求我们学会关心,实施关怀,回到以人为本的体育世界。

➡➡ 人文体育的价值维度

体育作为社会文化的一部分，是人类根据自身特点，所创造出来的身体运动文化，其本身具有一定的知识容量和文化底蕴。奥林匹克精神实质上就是体育要作为一种手段为人的和谐发展服务，人通过体育锻炼在体魄、气质、个性、智能、精神等方面得到全面发展。人文体育充分肯定了"人"的地位和作用以及人生的价值，展现了体育的内在本质。它对体育的认识融入"以人为本，人文关怀"的基本发展理念，把体育和人的幸福、自由、身心和谐统一、终极价值科学地联系起来。人文体育的价值维度包括两个方面：一是体育蕴含对个人的价值，充分利用体育的生物、精神—心理、社会、教育等功能，让体育服务人民，发展大众体育，促进人的全面发展。人们通过参与体育（运动形式）增强体魄、体质，满足人的精神和心理需要，培养某种精神、意志、品质、人格，实现自我和超越自我，追求身心和谐。此外，其还表现为对团队、集体、人类的价值的肯定。二是人应该秉持的人文价值和精神，主要表现为自为性，即人们有意识地赋予和引入体育的人文理念，使其具有更大的社会性，包括中国传统文化、马克思主义理论、西方文化以及奥林匹克文化等；还有对训

练、竞赛等体育活动的适应,如遵守规则、纪律、敬业、拼搏等。

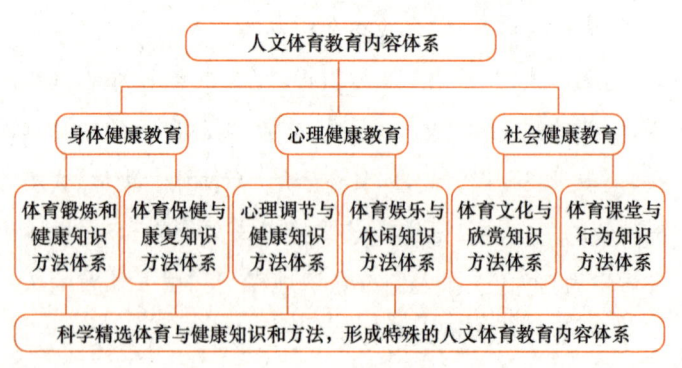

➡➡ 人文体育教育内容体系

人文体育教育内容体系是以人为本,注重健身,发展人的个性,培养体育能力,以形成锻炼习惯为中心的新内容体系,在不轻视体育生物功能的同时,重视体育对人的社会化作用和文化传递功能。它突出健康目标,强调体育不仅是锻炼身体,更重要的是让人们学会适应环境、学会生存,提高生活质量和生活品位,建立终身体育锻炼习惯。人文体育教育内容体系,可以简单划分为身体健康教育、心理健康教育、社会健康教育三大领域。(图7)

图7 人文体育教育内容体系

身体健康教育领域主要是体育文化素养教育,使人们了解体育保健与康复,营养、环境、不良行为等因素对身体健康的影响的有关知识,掌握锻炼身体的形式和方法,显现出体育教育深厚的知识容量和文化底蕴。心理健康教育领域主要是在有助于身体健康的同时,增进心理健康,提高人们的心理适应能力和心理承受能力,情绪调控能力和生活适应能力。社会健康教育领域主要是利用体育课堂内外环境中各方面的教育因素去开发人们的生理、心理潜力,使其在各种人际交往中,形成思维方式、行为方式和价值观念等。

中观：体育学学科

> 凡科学皆宜引起多方之兴味，而于运动尤然。
>
> ——毛泽东

学科分类是按照一定的标准和方法对各门学科进行区分和归类、排列和组合，建立起一定的框架体系。体育学科的发展、学科体系的完善是同学科分类的不断完善相联系的，体育学科体系从某种意义上来说就是学科分类的体系，也是研究体育某一领域、具有共同特征的相对独立的知识体系。1983年，国务院学位委员会第四次会议公布的《高等学校和科研机构授予博士和硕士学位的学科、专业目录（试行草案）》中，体育学被列为教育学门类下一级学科。1997年国务院学位委员会学科评议组审核通过的《授予博士、硕士学位和培养研究生的学科、专业目录》中体育学(0403)一级学科下设4个二级学科,分别是体育人文社会学(040301);运动人体科学(040302)(可授教育学、理学、医学学位);体育教育训练学(040303);民族传统体育学(040304),该学科设置体系一直沿用至今,各学科研究方向和研究内容较为成熟(表6)。

表6　　　　　体育学学科门类及相关研究

一级学科	二级学科	研究方向	研究内容
体育学	体育人文社会学	体育人文学	体育概论、体育哲学、体育史学、体育美学、体育人类学、体育伦理学、体育心理学等
		体育社会学	体育管理学、体育法学、奥林匹克学、社会体育学、体育传播学等
		体育经济学	体育营销学、体育经纪、体育场馆设施设计、体育经营管理等
	运动人体科学	运动生理与生物化学	运动训练理化监控、兴奋剂监测、运动营养、运动反应与适应、运动健康促进生物学机制等
		运动解剖与生物力学	运动功能解剖、神经肌肉控制、肌骨系统运动分析等

（续表）

一级学科	二级学科	研究方向	研究内容
体育学	运动人体科学	运动处方学	国民体质与健康促进、运动与慢病管理、癌症患者运动干预、特殊群体运动处方等
		运动医学与运动防护	运动康复与功能性训练、运动风险筛查与评估、运动疲劳与恢复、运动护理等
		体育工程学	运动大数据采集与分析、运动状态可视化、运动姿态人工智能识别、运动装备研发与设计、智能场馆工程等
	体育教育训练学	体育教育学	学前体育教育学、学校体育学、健康教育学、残障体育教育等
		运动训练学	运动竞赛学、体能训练学、运动技术表现分析、运动技能学等
	民族传统体育学	武术学	传统武术的传承与传播、现代武术的理论与技术、武术教学论等
		民俗民间体育学	少数民族体育学、民俗民间体育的挖掘与保护、民俗民间体育休闲学等
		传统养生学	传统运动养生功法的挖掘与整理、运动养生功法与健康、运动养生功法的创编等

▶▶ 体育人文社会学

➡➡ 体育人文社会学的性质

人文社会科学是人文科学和社会科学的总称。人文科学以人的观念、精神、愿望、情感和价值等为研究对象，是阐述人类的精神世界及其沉淀的精神文化的科学；社会科学以社会现象为研究对象，阐明各种社会现象及其发展规律。二者都与人类的教养和文化、智慧和德行有关，主要用思辨和直观的方法来说明文化现象和社会现象；其区别在于前者常用意义分析和解释学的方法研究微观领域的精神文化现象，后者则侧重于运用实证的方法来研究宏观的社会现象。人文科学是评价性的学问，社会科学是实证性的科学。体育人文社会学类学科是人文社会科学的理论、观点、方法在体育领域中的具体运用，探讨体育运动这一人类特有的人文与社会现象的一些学科。

➡➡ 体育人文社会学的研究方向与内容

体育人文社会学是一个由众多学科组成的庞大的学科群，具有学科间高度交叉融合的特点。根据国家学科"四个面向的需求"和社会发展的时代特征，体育人文社

会学大致可分为体育人文学、体育社会学、体育经济学三个方向，将长期混淆的体育人文学和体育社会学分开，为"面向经济主战场"的体育经济学去拓展发展空间。

体育人文学的研究内容包括体育概论、体育哲学、体育史学、体育美学、体育人类学、体育伦理学、体育心理学等。体育概论从宏观上、整体上研究体育的本质、特征和发展规律，其任务是论述体育这一社会文化现象的基本原理，解释体育与政治、经济、文化之间的关系，阐明体育的本质、特征、功能价值以及体育的目的、任务和实现体育任务的原则和途径。体育哲学是以一定的哲学观点，研究体育实践与体育科学技术发展中根本性的问题、矛盾运动的一般规律性以及有关体育运动的认识论与方法论问题。体育哲学的内容包括：体育哲学学科的主要内容问题；现代体育科学的体系结构问题；人体观、健康观的历史发展及对体育的意义问题；中国传统哲学与体育的研究；体育与价值体系的研究；现代社会大体育观的研究；体育科学方法论的研究；体育热点与难点问题的研究；哲学在体育史中的应用方面的研究等。

体育社会学的研究内容包括体育管理学、体育法学、奥林匹克学、社会体育学、体育传播学等。体育管理学是研究体育管理现象及其规律的学科。与体育经济学相比，它侧重探讨体育事业优化的、最佳的管理方式和方法，着重于对经济管理中具体问题的对策研究，包括体育管理的基础理论研究；体育管理体制研究；竞技体育、学校体育及社会体育管理研究；体育产业的经营与管理研究；系统科学与体育的关系研究；体育发展战略研究；等。体育法学是研究体育法律规范和体育法律现象以及其发展规律和运行机制的新兴学科，研究体育法学基本原理；体育法一般理论；体育法制定和实施；体育各领域的法规制度；国内外体育法；等。奥林匹克学是从社会文化的角度对奥林匹克运动进行研究的体育学科，主要研究奥林匹克运动对现代社会的贡献、运动员、社会环境中的体育运动、体育运动与传播媒介等。

体育经济学重点包括体育营销学、体育经纪、体育场馆设施设计、体育经营管理等。体育经济学是运用经济学理论研究体育领域经济现象、经济活动及其规律的学科，主要研究体育与经济的关系及体育事业的经济性质，以及体育领域的经济活动和经济问题等。

➡➡ 体育人文社会学的知识热点

体育人文社会学按照研究领域的主攻方向可分为竞技体育领域、学校体育领域、社会体育领域、体育产业与

市场领域、体育制度文明领域。近年来,体育人文社会学领域的知识热点主要集中在体育产业、体育消费、体育强国、体育史、公共体育服务、体育文化、体育治理、体育思想、大型体育赛事、休闲体育、体质健康、健康中国、体育哲学、体育政策、体育用品、体育事业发展、全民健身、运动员社会支持、高校体育锻炼、体育社团、体育改革、体育健身、体育管理、体育彩票、群众体育政策、奥林匹克运动、体育旅游、政府购买、社会资本、休闲市场等。

▶▶ 运动人体科学

➡➡ 运动人体科学的性质

运动人体科学是生物学、医学和体育学相交叉的一门科学,它是以人体为对象,研究人体在运动过程中机能活动的变化特点、规律和与外界环境的关系,有助于增进健康,提高人体机能的一门学科。随着国民经济的不断增长,人们对健康的需求和《全民健身计划纲要》的实施,运动人体科学越来越多地被社会认识和关注,对全民健康和人类幸福生活起到重要作用。

➡➡ 运动人体科学的研究方向与内容

运动人体科学是研究体育运动与人的机体的相互关

系及其规律的学科群。以问题为导向,根据运动人体科学在全民健身、竞技体育和学校体育等方面的综合运用,根据国家"四新"学科设置,可将运动人体科学大致分为五个方向:运动生理与生物化学、运动解剖与生物力学、运动处方学、运动医学与运动防护、体育工程学。

运动生理与生物化学重点包括运动训练理化监控、兴奋剂监测、运动营养、运动反应与适应、运动健康促进生物学机制等。其主要研究身体在运动状态,即破坏恒定的状况下,人体结构与功能相关的变化、反应以及长期运动训练而产生的适应现象;研究人体各细胞、器官、系统的机能变化及其协同工作的能力和机理;观察整体水平上人体的运动能力;以及人体的形态和机能对运动产生适应性变化;等等。

运动解剖与生物力学重点包括运动功能解剖、神经肌肉控制、肌骨系统运动分析等。它是在人体解剖学基础上研究体育运动对人体形态结构和生长发育的影响,探索人体机械运动规律及其与体育运动技术关系的一门学科,重点研究运动器官以及与之密切相关的心血管系统和神经系统等。

运动处方学重点包括国民体质与健康促进、运动与慢病管理、癌症患者运动干预、特殊群体运动处方等。运动处方学是一门综合应用性学科，以体育学、运动人体科学和医学等相关学科为理论基础，对运动者进行健康和身体机能测试、评估、指导，强调"生命在于运动，运动需要科学"和"无评估，不锻炼"理念。

运动医学与运动防护重点包括运动康复与功能性训练、运动风险筛查与评估、运动疲劳与恢复、运动护理等。运动医学主要是运用医学的知识和技术对体育运动参加者进行医学监督和指导，从而达到防治伤病、保障体育运动参加者健康、增强体育运动参加者体质和提高体育运动参加者运动成绩的目的；运动防护是运动损伤的预防、急救、处置与康复训练的总称。

体育工程学重点包括运动大数据采集与分析、运动状态可视化、运动姿态人工智能识别、运动装备研发与设计、智能场馆工程等。体育工程学是研究体育基础科学和体育技术科学如何直接应用于体育运动实践的知识体系，为体育运动实践提供多样的、实用的原理和方法。根据实践主体的不同，可广泛服务于学生、竞技运动员等，运用体育基础科学、体育技术科学的理论与方法解决实践过程中出现的一些具体的、特殊的问题。

➡➡ **运动人体科学的知识热点**

运动人体科学从系统评价角度来看,体力活动与健康、促进儿童健康、以加速度计为主的体力获得测量、骨健康、间隙训练效果、运动损伤的力学特点与运动风险评估、炎性因子的作用机制与抗阻练习在特殊人群中的应用效果、热环境下的运动等都是运动人体科学研究的热点和重点。

▶▶ **体育教育训练学**

➡➡ **体育教育训练学的性质**

体育教育训练学是一门研究体育领域中体育教育教学与运动训练一般规律的学科。体育教育训练学旨在通过对体育教育教学与运动训练的基本理论和方法的研究,指导如何通过体育活动达到育人和增进身心健康的目的,指导各个运动项目的技战术学习与教学训练过程的组织实施,研究体育教育教学与运动训练的基本特征及其发展规律。

➡➡ **体育教育训练学的研究方向与内容**

体育教育训练学是由体育教育学和运动训练学两门

学科组合而成的交叉性的综合学科。体育教育教学与运动训练是一种实践过程。体育教育训练学是从体育教育教学与运动训练的实践中总结、概括并上升为理论的科学体系。按照其组成大致分为体育教育学和运动训练学两个研究方向。

体育教育学研究重点包括学前体育教育学、学校体育学、健康教育学、残障体育教育学等。其中,学校体育学是研究学校体育现象、本质、规律及其管理的一门学科。它是兼有基础理论并侧重指导全国各级各类普通学校体育工作的、以应用为主的学科。其基本的研究内容可分为四个部分:一是研究学校体育本质,包括产生与发展,与学校德育和智育的关系,与群众体育和竞技体育的关系,学校体育内部各项工作的相互关系,学校体育的目的与任务,等等;二是研究学校体育的构成与实施问题,包括体育课教学、课外体育锻炼、课余体育训练、运动竞赛以及校外体育;三是研究学校体育管理与评价,包括系统整体管理与评价和各分项管理与评价;四是研究学校体育条件,包括体育师资、场地、器材、设施、图书资料、经费以及校园内外的环境等。

运动训练学研究内容重点包括运动竞赛学、体能训练学、运动技术表现分析、运动技能学等。运动竞赛学研究内容包括竞技参赛学、竞赛组织与编排、竞赛规则与规程等;体能训练学研究内容包括运动素质与训练、身体机能与训练、身体形态与训练等;运动技术表现分析研究内容包括运动技术动作分析、运动技战术表现分析、运动竞赛大数据分析等;运动技能学研究内容包括运动项目技战术学习与控制、运动技能形成的原理与运用、运动技能的评价等。

➡➡ 体育教育训练学的知识热点

体育教育训练学的基本任务是研究体育教育教学与运动训练的基本理论和方法。体育教育学的研究热点是体育与健康课程、学校体育、体育教学、体育教师、教学改革等;运动训练学的研究热点是田径技术(投掷技术)、竞技体育、无氧能力、综合评价、训练监控、高原训练等。

▶▶ 民族传统体育学

➡➡ 民族传统体育学的性质

民族传统体育学是一门以民族传统体育为研究对象,从宏观上研究民族传统体育的本质特点和内容体系,揭示民族传统体育产生、形成、发展的一般规律,文化背

景及其与哲学、宗教、民俗、医学等深层文化形态的科学。民族传统体育学来源于长期的民族传统体育实践，是民族传统体育实践在理论上的抽象与升华。它是一门基础理论学科，是研究民族传统体育的理论基石。

➡➡ **民族传统体育学的研究方向与内容**

民族传统体育学是关于民族传统体育整体性、综合性的知识体系。民族传统体育学中的"民族"包含我国所有民族。根据民族传统体育学的形成，大致分为武术学、民俗民间体育学、传统养生学三个研究方向。

武术学是一门多学科交叉的综合之学。武术学研究重点有传统武术的传承与传播、现代武术的理论与技术、武术教学论等。在体育社会学和体育自然学领域，涉及武术的体育社会学学科分支有武术哲学、武术美学、武术文化学、武术经济学、武术管理学、武术民俗学、武术传播学、武术事务检索、武术文献学、武术裁判学、武术社会学、武术法学、武术简史等；涉及武术的体育自然学学科分支有武术科研方法论、武术健身理论与实践、武术科学化训练、武术训练监控等。

民俗民间体育学是研究民间民俗体育本质、特征以及一般规律的新兴学科。民俗民间体育学研究重点包括少数民族体育学、民俗民间体育的挖掘与保护、民俗民间体育休闲学等。一方面,从体育学的视角,运用相关的基本理论与方法研究民俗民间体育的本质、基本原理、技术特点、运动方法,挖掘整理内容丰富、形式多样、濒临失传的民俗民间体育;另一方面,从人类学、民族学、社会学视角对民俗民间体育与人类生存、人类活动以及与社会、经济、文化、宗教等因子的关系进行研究。

传统养生学的研究重点有传统运动养生功法的挖掘与整理、运动养生功法与健康、运动养生功法的创编等。中国传统养生学是在研究人类生命规律、衰老机理的基础上,阐述促进健康、预防疾病,以达到延年益寿、提高生命质量的目的的理论和方法的学说,强调"不治已病治未病,不治已乱治未乱"。传统养生学是自然科学和社会科学交叉的产物,其自然科学属性主要体现在以人为研究的中心,着重研究机体的运动、变化,发展的规律及本质,预防疾病、防止衰老的具体方法(或谓"养生之道");其社会科学属性则体现在养生绝非纯个体的行为,每一个人都生活在特定的社会中,社会环境同样无可避免地给人以影响,所以需要从社会学的角度对相关问题进行研究。因此,传统养生学具有社会科学的某些特征。

➡➡ 民族传统体育学的知识热点

民族传统体育学随着中国体育的发展逐步与国际接轨,在体育强国建设和文化自信建设背景下,其发展迎来了新的机遇。信息技术的飞速发展、科技进步和科技创新使得民族传统体育学知识呈现综合性和交叉性态势。根据聚类前沿主题词分布,民族传统体育学前沿热点主题归纳为四大模块:武术与国际融合,包括国际传播、国家形象、体育传播;群众体育与经济融合,包括群众体育、体育经济;体育管理规划与建设,包括体育管理、体育传播;武术进校园,包括学校武术、文化传承。

微观：体育学课程

> 身体教育和知识教育之间必须保持平衡。体育应造就体格健壮的勇士，并且使健全的精神寓于健全的体格。
>
> ——柏拉图

体育学微观上是指高等院校开设的入门级课程"体育学"，通常被称为"体育概论""体育学导论"等，其中"体育概论"课程通常面向体育专业本科生，而"体育学导论"课程通常面向体育专业研究生。学生通过这门课程的学习，能够形成对体育学的基本认识：了解体育学的基本原理、方法和一般规律，掌握体育学体系中各学科的发展脉络和最新的研究动向，以及体育专业未来的就业前景和可操作的职前准备。在体育学课程中，根据所属的领域，

还分为学校体育学、竞技体育学、社会体育学等不同的理论性课程。

▶▶ 体育概论

体育概论是关于体育学的要略论述,是体育专业的一门主干课程,也是刚跨入大学之门的体育专业学子全面了解体育与体育学的指导性课程。其主要内容包括体育概念与功能、体育目的实现、体育研究三大方面,具体分为体育概念、体育功能、体育目的、体育过程、体育手段、体育科学、体育文化、体育体制、体育发展趋势九大部分。

➡➡ 体育概念与体育功能

✤✤ 体育概念

概念是反映事物本质属性的思维形式。本质属性是决定某一事物之所以成为该事物并区别于其他事物的属性。体育的概念是以身体运动为基本手段,促进身心发展的文化活动。分类标准不同,体育的分类也不同,比如根据体育实施场所可以分为家庭体育、学校体育、社区体育等;根据体育参与者年龄可以分为婴幼儿体育、青少年体育、中老年体育等；根据体育参与者职业可以分为农民体育、工人体育、军人体育等；根据体育发展形态可以分为古代体育、近代体育、现代体育、当代体育等；在体育实践中，根据常见的形态可分为体育教育、竞技运动、健身休闲等。

✥✥ 体育功能

决定体育功能的要素是它自身的本质属性和社会需要，两者缺一不可。体育的本质功能包括健身功能、教育功能、娱乐功能。体育的延伸功能有经济功能、政治功能、文化功能、生态功能。

➡➡ 体育目的实现途径

✥✥ 体育目的

体育目的是体育实践的总方向和总要求，根据社会发展水平、体育自身的特点、体育自身所具有的功能、人的体育需求，我国的体育目的是"增强体质，增进健康，改善人们生活方式，提高生活质量，促进社会健康、文明发展"。作为文化活动的体育，其目的归根结底在于满足人们的健康和文化需要，从而促进社会健康、文明发展。在实现我国体育目的时，要坚持中国特色的发展方向，坚持

"以人为本"的基本理念,根据社会发展需求,国际化与本土化相结合、普及与提高相结合。

❖❖ 体育过程

体育过程是体育实践的体现,是指通过身体运动手段促进身心和谐发展的实践过程。体育过程的实现具有实践性、直观性、层次性。为了科学合理地分析体育过程,要从多视角进行观察,可以先将体育过程分为过程要素和结构要素。过程要素是指体育过程中实体性较弱的因素,主要包括体育方法、体育内容、体育环境、活动时间和活动空间等;结构要素是在体育过程中实体性较强的要素,主要包括体育参与者、体育指导者和体育媒介。体育过程控制按照时间类型可分为预先控制、现场控制、事后控制;按照活动的主客体可分为自我控制、他人控制和社会控制。体育过程控制的原则主要是身心协调发展原则、同化优势原则、适量运动负荷原则。体育过程控制的方法包括选择符合运动目的的项目和方式,在遵循同化作用优势原则时要注意控制的几个方面。体育过程的类型包括体育教育过程、竞技运动过程和健身休闲过程。它们各有不同的属性,尽管其功能、方法及主体等方面有一定的相似性和包容性,但各自的目标却不尽相同。

✥✥ 体育手段

手段是为了达到某种目的而采取的具体方法。体育手段是指为了达到体育目的而借助的载体、媒介及各种活动形式和方法,是实现体育目的的系统行为和操作技术。身体运动作为体育手段最基本的核心内容,可以根据体育目标的需要构成各种不同的组织、形态和活动,从而形成实现体育目的的途径和过程。如体育游戏、体育教学、体育锻炼、运动训练和体育竞赛作为运动动作的组织结构构成了实现体育具体目标的途径,也由此形成了身体运动与体育途径、体育过程和体育目的之间的辩证关系(图8)。

图8 体育目的、体育手段、体育过程的关系

➡➡ 体育研究

✤✤ 体育科学

体育科学是研究和揭示体育这种现象的发展规律的知识体系，是社会科学和自然科学交叉的综合性科学，具有生物学、心理学、社会学三维视角。生物学视角包括运动解剖学、运动生理学、运动生物化学、运动医学、体育保健学等方面；心理学视角包括人在体育运动中心理过程的特点与规律的影响、掌握技能的心理学规律、运动对人的心理过程和个性特征的影响、竞赛的心理状态等方面；社会学视角包括体育社会学理论和社会问题、体育的社会结构及其相互关系、不同体育形态等方面。体育科学体系按学科性质分为体育社会学学科、体育基础学科和体育运动学学科三大类。

✤✤ 体育文化

体育文化，广义上是指为了丰富人类生活，满足生存需求，以身体为媒介，对满足人类需求的身体活动进行加工、组织和秩序化，形成获得社会承认的、具有独立意义和价值的文化。从狭义上说，体育文化是文化生活的一部分，将产生于社会生活的体育作为有价值的活动加以肯定，并赋予其一定的知识文化内涵，从而使体育由自然活动变成文化活动。

　　体育文化包括体育精神文化、体育制度文化和体育物质文化三个层次。体育精神文化方面，受我国传统文化影响，以养护生命、防病、祛病和延年益寿为主，注重保健和养生，比如太极拳、武术等，正走向国际化；西方强调身体美和精神美的和谐统一，注重把体育的价值直接指向对人体的塑造和培养上。体育制度文化方面，中国传统体育重"养"，注重人格的价值取向；西方主导激烈对抗的体育行为，价值取向是线性的，单向的；体育物质文化方面，中国以徒手活动形式为多，场地、设施和器材等物质文化建设在现代化进程中有很大改观，但普及度还有待提高；西方体育运动的专用器械和装备起步较早。虽然中西方体育文化差异较大，但是随着国际体育交流日益频繁，中西方体育文化必然依据各自的发展规律，在各自的发展轨道上继续前进，取长补短，共同繁荣。

　　奥林匹克文化，广义上泛指奥林匹克运动在实践过程中所创造的物质与精神财富的总和；狭义上主要指构成奥林匹克运动的意识形态及与之相适应的奥林匹克的传统。奥林匹克文化具有人文性、象征性、艺术性、多元性、划一性等文化特征，其组织由国际奥林匹克委员会、国际单项体育联合会、各个国家或地区的奥林匹克委员

会三部分组成。

中国体育文化的发展绝不应该也不可能"全盘西化"。我们在学习、借鉴和消化吸收世界先进体育文化的同时，必须坚持继承和创新的统一，实行创造性转换和创新性发展，创建中国特色社会主义现代体育文化，为世界体育文化的发展做出更大贡献。

❖❖ 体育体制

体育体制是指国家组织管理体育的各种机构、各项制度和准则的总和。它包括体育的组织机构，各级体育行政机构、事业机构的责、权、利划分及处理相互之间关系的准则以及体育管理制度，即机构、职能、制度三部分。体育体制的类型主要有社会组织主导型（美国、德国）、政府和社会组织结合型（英国、日本、韩国）、政府主导型（俄罗斯、波兰、捷克）。我国体育最初是举国体制，后来逐渐转变政府职能，发挥社会办体育的积极性，国家办和社会办相结合，并逐步发展为以社会办体育为主的格局，走社会化、产业化道路。

❖❖ 体育发展趋势

体育发展趋势主要从人的发展的角度、社会发展的角度、体育全球化的角度来判断。人的发展的角度包括五个方面:体育在人的可持续发展中将发挥更为重要的作用;未来社会将更加突出"以人为本"的体育观;生活方式的巨变加快体育生活化的进程;体育将更有效地促进人的现代化;休闲体育的发展前景无限。社会发展的角度包括四个方面:老年体育方兴未艾;体育产业有着广阔的发展前景;终身体育观念日益深入人心;社区体育发展趋于完善。体育全球化的角度包括职业体育与体育全球化;消费文化与体育全球化;媒体与体育全球化;赞助商与体育全球化。

▶▶ 学校体育学

学校体育学是培养各级体育教师、组织与实施学校体育工作所必须开设的一门专业基础理论课程,它对各级各类学校的体育工作者,尤其是体育教育专业人才的成长与发展具有重大理论意义和实用价值。其主要内容包括学校体育、体育课程与教学、课外体育、体育教师四大部分。

➡➡ 学校体育

✥✥ 学校体育的历史沿革与思想演变

古代东西方各民族有着不同形式的身体活动与体育

活动。古代中国体育从夏商时代就已开始;古希腊体育以斯巴达军事活动作为开始,古雅典则形成了比较完整的体育教育体系,培养身心和谐发展的人。现代体育教育(physical education)专指学校体育,从17至18世纪学校体育的教育化至19世纪中期学校体育的课程化,到19世纪后期学校体育的科学化,再到20世纪50年代信息社会和终身学习型社会的转型,不同时期的发展变化对学校体育的发展提出了不同的要求。

我国的学校体育从19世纪后期开始逐渐从西方传入。1904年,体育在我国现代教育体制中的地位得到了确立。21世纪,我国学校体育课程实施改革,于2001年、2011年、2022年先后颁发了《义务教育体育与健康课程标准》,出现了多元化的态势。

❖❖❖ 学校体育与学生的全面发展

学校体育与学生的全面发展是相互影响的,学生是学校体育的主体,只有正确认识学生才能更好地设计与实施受学生欢迎的学校体育,从而促进学生的全面发展。学校体育对学生的身体发展、心理发展、社会适应、动作发展都起到促进作用。身体发展方面,学校体育能够促进学生身体形态正常发育,使其养成正确的身体姿势;提高学生的身体机能,促进其健康水平提高;提高学生的身体运动能力,全面发展体能;增强学生的身体适应能力和抵抗力。心理发展方面,学校体育活动能够促进学生的智力发展;促进学生的情绪情感的健康发展;培养学生的坚强的意志品质,增强其进取心;使学生形成积极的个性特质,完善其人格。社会适应方面,学校体育有利于学生建立和谐的人际关系,提高其社会交往能力;有利于培养学生的竞争意识,提高其竞争能力及抵抗挫折的能力;有利于培养学生的合作意识和能力;有利于培养学生的规则精神、角色意识和道德规范。动作发展方面,学校体育可以使学生动作发展更为科学全面;可以提高学生动作发展的水平。

❖❖ 学校体育的目的与目标

学校体育是指在以学校教育为主的环境中,运用身体运动、卫生保健等手段,对受教育者施加影响,促进其身心健康发展的有目的、有计划、有组织的教育活动。学校体育的结构主要包括运动教育(体育与健康课程、课外体育活动、课余体育训练、课余体育竞赛),健康教育,教育活动中的体育,校外与家庭体育。学校体育的目的主要是回答学校体育应该培养什么样的"人";学校体育的目标是

指在一定活动空间和时间内学校体育实践预期的结果。

✥✥ 学校体育制度与学校体育管理体制

学校体育制度是由教育部、国家体育总局以及相关机构和社会体育组织制定并在学校实施的较固定的各种制度和办法的总称。我国现行的学校体育制度及相关法规有学生体质健康标准与监测制度、初中毕业生升学体育考试制度、中小学校体育场地设施条件保障制度、学校体育安全管理制度、学校体育重要文件与法规。学校体育管理体制可分为宏观管理系统和微观管理系统两部分,宏观管理系统主要指外部对学校体育工作的管理(图9),微观管理系统主要指学校内部对体育工作的管理。

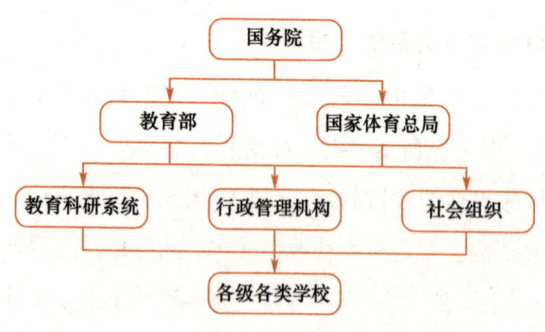

图9 学校体育宏观管理系统

➡➡ **体育课程与教学**

✥✥ **体育课程的编制与实施**

体育课程是增强学生体能，传授体育知识、技能，为学生终身体育奠定基础的课程，它与德育课程、智育课程和美育课程相配合，共同实现促进学生身心全面发展的目标，是学校全面发展教育不可缺少的课程。体育课程的编制需要坚持"健康第一"的指导思想，培养学生健康的意识和强健的体魄，促进学生健康成长；需要改革课程内容和教学方式，努力体现课程的时代性，培养学生终身体育的意识；需要强调以学生发展为中心，重视学生的主体地位，帮助学生学会学习；需要激发学生对运动的兴趣，注重学生运动爱好和专长的形成。体育课程的实施是调和影响体育课程实施诸因素，平衡体育课程理想与实施情境的系列关系，创造体育课程教学新文化的过程，即学校和体育教师根据课程标准精神创造具有校本特色的课程并有效实施的过程。

✥✥ **体育教学的特点、目标与内容**

体育教学是在学生与体育教师的共同参与下，有目的、有计划的体育认知、情感和交往活动。体育教学是一个多目标、多层次、多形式的过程，设定合理有效的体育

教学目标是体育教学开展的前提；正确选择创编教学内容，为学生提供有益的学习经验，是实现体育教学目标的重要保障。

❖❖ 体育教学方法与体育教学组织形式

体育教学方法是在体育教学过程中，为实现教学目标，教师组织学生进行学习活动所采取的教与学相互作用的活动方式的总称。常用的体育教学方法有语言法、直观法、完整与分解法、预防和纠正错误法、游戏与竞赛法；现代体育教学方法有自主学习法、探究式学习法、发现式教学法、合作学习法。体育教学组织形式包括行政班、男女合班分组或单独男女班分组、按兴趣爱好分班、小班化教学、走班制教学；按同质或异质进行教学分组。体育教学方法与体育教学组织形式都是为实现目标服务，都是与体育教学内容、学生实际、学校体育与健康课程教学资源紧密相关的，必须综合判断与选用。

❖❖ 体育教学设计

体育教学设计是根据体育学习目标和教学条件，对学段、学年、学期、单元和学时教学所进行的最优化研究和计划。体育教学计划是体育教学设计的成果形式。体育教学计划是按照学段或水平、全年、学期、单元或模块、课时计划顺序来制订的。无论是哪个层次的体育教学设计,在教学计划具体的编写过程中,都应根据本校及学生、教师等的实际情况来制定。

❖❖ 体育课程的学习与教学评价

体育课程的学习与教学评价是体育与健康课程在教学实施过程中,着力解决以下几方面的问题:认清体育与健康学习评价的目标;选择适宜的评价内容(体能、知识与技能、情谊表现与合作精神),方法和标准(定性与定量结合、形成性与终结性结合、绝对性与相对性结合),充分发挥评价的各项功能,科学合理地评价学生的体育与健康学习,从而促使学生更积极、主动地参与体育学习。教学评价包括基础素养、教学能力、教学效果的评价。

❖❖ 体育课程资源

体育课程资源是指有利于实现体育与健康课程目标的各种因素,是体育与健康课程设计、实施和评价等体育与健康课程教学过程中可以利用的一切人力、物力以及自然资源的总和。体育课程资源包括校内和校外资源、显性和隐性资源、素材性和条件性资源、课程内容与场地、器材、人力资源。

✥✥ 体育课教学

根据体育课在一系列课程中所处的地位、所要达成的学习目标、所采取的教学策略的差异进行分类,体育课可分为理论课与实践课。体育理论课的结构是对一节课的教学内容组织教法与时间分配的基本框架,实践课分为准备部分、基本部分、结束部分。体育课的密度与运动负荷是体育课教学特别需要注意的问题之一,对于提高体育教学质量具有重要作用。认真备好一节体育课是上好体育课的基本前提,备课需要从备教案、备学生、备教学内容、备场地器材等方面进行。认真看课与分析课对于提高体育教师的教学水平和教学质量都具有十分重要的作用。

➡➡ 课外体育

✥✥ 课外体育活动

课外体育活动的实施是一个以自觉自愿为主、强制规定为辅,宏观调控指导、微观自主开放为特点的操作过程。课外体育活动的组织形式包括全校活动、年级活动、班级活动和小组活动、体育俱乐部(体育协会)活动、小团体体育活动、个人锻炼活动等。课外体育活动的整个过程包括课外体育活动工作计划的制订、课外体育活动的组织实施和课外体育活动的检查评价三个环节。

课余体育训练

课余体育训练是学校体育的组成部分,是我国竞技体育后备人才培养的基础战略。课余体育训练的组织形式包括学校运动队、基础训练点、体育特长班、体育俱乐部。学校课余体育训练的实施,包括确定运动训练的项目、运用科学方法选拔参训的学生、配备相应的指导教师(教练员)、制订相应的训练计划等。课余体育训练是对学生进行身体、技术、战术、心理、品德与作风等方面的训练,其中身体训练和技术训练是课余体育训练的主要内容。

课余体育竞赛

课余体育竞赛与运动竞赛的主要区别,在于课余体育竞赛具有课余性、群众性、多样性和教育性。课余体育竞赛组织形式包括校际交流竞赛、校内运动会、单项运动竞赛、单项娱乐性竞赛和季节性单项竞赛等。开展课余体育竞赛时应充分利用课余时间,面向全体学生,让每一个学生都有机会参与竞赛。竞赛的内容应该多选择一些学生喜爱的、健身效果好的、易于开展的项目。竞赛的形式应以小型多样、组织简便为主。总之,通过竞赛激发学生对体育产生浓厚的兴趣,促进学生坚持锻炼身体,使其终身受益。

➡➡ 体育教师

❖❖ 体育教师应具备的能力

体育教师应有良好的性格,具备精深扎实的专业知识、丰富的教育科学知识、广博的文化科学基础知识,以及全面而扎实的专业能力。体育教师应根据自己的工作特点积极地开展体育研究,提高自身素质和工作效率。

❖❖ 体育教师的培训与终身学习

体育教师的培训包括体育教育专业的学科学习、体育教育专业的见习与实习、体育教师的在职培训等一系列过程。体育教育专业的学科学习是培养体育教师的主要途径。在终身学习的时代,体育教师要树立终身学习的观念,积极参加在职培训,接受继续教育,以符合终身学习和未来学习化社会的要求。

▶▶ 竞技体育学

竞技体育是现代体育活动形式的集合,它不是精英体育,而且正由小众体育逐渐向大众体育转变。在世界大变局下,竞技体育学对如何在奥运争光和全民健身战略中协调,如何改革竞技运动机制,如何助力体育强国建设具有重要价值。竞技体育学主要包括竞技体育的起源与发展、竞技运动员、竞技体育的演进三方面，具体包括竞技的起源与发展、竞技体育的由来、中国竞技体育的发展、竞技运动员的选材、竞技运动员的训练、竞技运动员的退役和继续教育、竞技运动员人力资本产权的经济学分析、竞技体育非均衡发展态势、竞技体育非奥运项目发展概况、未来中国竞技体育的国际角色定位与发展战略。

➡➡ 竞技体育的起源与发展

✤✤ 竞技的起源与发展

竞技的具体项目是从社会文化的各个方面产生的，有的是从生活需要出发，有的是为了防病治病，有的是出于战争练武的需要，有的是为了喜庆欢乐，有的是为了养生。游戏是竞技的概念起点、历史起点、审美起点，可以用来解释竞技的起源与发展。竞技在高科技的辅佐、政治因素的映射、商业化的操纵和过度竞争的影响下逐渐出现"异化"现象，游离于其本质的"游戏精神"和异化了的"竞技精神"之间，这就需要我们通过教育重塑竞技中的"游戏精神"。

✤✤ 竞技体育的学说

"竞技不是体育，体育不是竞技。"竞技体育是一种有

明确规则、有特定目标、有激烈竞争性目的、有时间和空间限制以及有连续性重复动作的身体活动。体育是一个增进人体健康的过程，人们根据自身的情况和个人意愿选择合适的身体运动来进行学习和锻炼。在体育中，人利用运动；在竞技中，运动利用人。换言之，人与体育和竞技的关系是主动式与被动式的关系。我们只要认清它们各自的本质、职能，就能让体育和竞技做到相对统一、共存发展。竞技体育与学校体育、群众体育既有联系又有本质上的区别。竞技体育虽然产生于游戏，但同现在的娱乐、游戏又有巨大的差异，身体素质好坏直接影响竞技水平高低，而体育文化又需要通过竞技体育的高水平竞赛表演，运动员的顽强拼搏、公平竞争来诠释。20世纪80年代后，竞技体育的发展异化和体育"增强体质"这一根本目的的回归，使得体育手段若再原封不动地照搬竞技体育项目就越来越不能完成体育目标。在"全民健身计划"方兴未艾之时，我国对竞技体育项目进行了改造，使其体育手段化，从而为"增强体质"服务。同时，将竞技体育作为人类文化财富来积累、发展。

❖❖ 中国竞技体育的发展

"欲强国必须强民；欲强民必须强体。"鸦片战争以后，西方竞技体育被引入中国，国人积极接纳和吸收西方先进的运动训练手段,以增强国人体质,倡导"尚武"精神。新中国成立之初,体育教师、教练员不足,场馆、器材严重缺乏,为摘掉"东亚病夫"的帽子,增强国人的体质,树立国家形象,党和国家对体育工作非常重视,制定并出台了一系列文件,推动竞技体育运动的发展,我国的竞技体育开始逐步走向科学化的发展道路。"文化大革命"之后,"乒乓外交"促进了竞技体育的恢复,为"奥运争光计划"的颁布与实施奠定了基础。从 1979 年开始,历经了三次全国体育工作会议后,我国形成了"举国体制"的竞技体育发展道路。1998 年,国家体育总局正式挂牌,提高了我国体育行政机关的工作效率,明确了部门职能。随着中国体育的社会化、市场化、法治化进程加速,中国竞技体育也取得了辉煌成绩,让世界进一步了解了中国,北京奥运会更是承载了重大政治意义并发挥了巨大的社会影响力,展现出一个负责任的大国的风范,以更高的姿态屹立于世界民族之林。

➡️➡️ 竞技运动员

✣✣ 竞技运动员的选材

竞技运动员的选材是运动训练的前提或初始阶段,是根据各个运动项目的特点和竞技能力构成的要素,按

照科学的评价标准进行测试和采用预测的方法,从众多少年儿童运动员中比较准确地选拔那些具有良好运动天赋及竞争潜力的优秀人才或后备力量的过程。竞技运动员的选材在启蒙阶段随意性较大,在早期定位、早期培养的思想指导下主要以经验选材为主。随着科技的进步,科学选材成为必然。竞技运动员的选材不仅仅取决于皮纹学、分子生物学、运动员心理和血型三个方面,而且还受到生物学的其他领域、运动训练学、模糊数学、计算机软件等因素不同程度的影响。目前,我国已跃居世界竞技体育强国行列,将来必然以强健的步伐向新的台阶迈进。系统、科学的选材是促进我国竞技体育由过去单一的"体能型"向未来的"智能型"转变的基础。竞技运动员的选材与育才,是把选材工作与早期教育工作有机结合的过程,也是道德竞技思想体系的重要内容。

❖❖ 竞技运动员的训练

竞技运动员的训练是运动员在教练员的指导和有关人员的共同配合下,按人的发展和比赛的要求,提高运动成绩、促进运动员运动个性全面发展的教育过程,其本质是为了提高运动员的运动成绩和运动技能。依据运动训练的基本规律,在宏观上可将运动训练理念划分为技战术实践训练理念、数字化控制训练理念、人文人性教育训练理念、全面多因素训练理念、青少年战略训练理念。从整体控制性上看,运动训练方法主要分为模式训练法、程序训练法、模拟训练法、人机辅助训练法。具体操作方法大致表现为具有单一特征的完整训练法、分解训练法、持续训练法、重复训练法、间歇训练法、变换训练法、比赛训练法以及具有综合特征的循环训练法等。竞技体育的发展离不开竞技运动的科学化训练,我们必须加大科学训练的力度。科学化训练的理念是导向和目标,训练手段和方法是实现目标的重要途径,也是保障科学化训练内容实施的操作条件,进一步研究未来竞技运动训练发展的趋势是保证竞技运动训练可持续发展的必然。

❖❖ 竞技运动员的退役和继续教育

竞技体育要保持一种"生态平衡",一部分老运动员退役了,就需要一批后备人才补充上来,维持竞技体育"新陈代谢"的动态平衡。举国体制是中国得以跻身世界体育强国之列的重要举措,对我国体育事业的发展和运动成绩的提高起到了很大的作用,但从少年业余体校到国家队"一条龙"相对封闭的培养训练体系,使竞技运动员退役后变得无所适从。竞技运动员退役转职遇到了前所未有的困难,成为影响中国竞技体育发展的一个重要因素。竞技运动员退役安置工作是一项社会系统工程,

必须实现社会化、市场化。社会化是指竞技运动员退役后的安置工作是社会问题,政府要进行必要的宏观调控和统一规划,多渠道分流。市场化是指竞技运动员退役后走向人才市场,按照社会需求,本着双向选择的原则,自主选择职业。本着社会化与市场化原则,让退役竞技运动员融社会、入市场、抓机遇、求发展,尽可能发挥其自身优势,固本培元,为体育事业及其他事业贡献力量。

❖❖ 竞技运动员人力资本产权的经济学分析

国家作为所有权主体的传统的单一体育产权模式必将被打破,体育产权的主体在市场经济条件下已经逐渐多元化。鉴于竞技体育的特殊性和我国正处在经济转型过程中,国家仍作为所有权的主体,国家、社会团体及个人共同具有对运动员有形资产及无形资产的使用权和收益权,并用契约的方式进行权利分配。高水平运动员是使用权、交易权、转让权的权利主体,进行投资的国家或其他社会团体具有商业上的优先权,收益权在高水平运动员和国家或其他社会团体之间按照投资比例进行分配。运动员产权界定具有渐进性,是一个动态的均衡过程。运动员获得相同成绩后的无形收入差异巨大,因此收益分配问题不能简单地定性定量分析。运动员产权的划分需要在投资培养方面、消费支出方面、成绩取得与社会影响方面明确地区分划定，如此才能称为科学合理。

➡➡ 竞技体育的演进

❖❖ 竞技体育非均衡发展态势

我国作为地域辽阔、人口众多的发展中国家，竞技体育一直处于一种非均衡发展态势。这种非均衡发展态势突出地表现在项目布局、运动员队伍建设、运动竞赛成绩表现、管理体制等方面。为了我国竞技体育能持续保持良好的发展势头，采取非均衡发展模式势在必行，我们应该尝试打造优势项目品牌、提升体育强省效应、开展高校特色运动、鼓励兴办体育俱乐部来探索非均衡发展模式。竞技体育的非均衡是绝对的存在，而均衡是相对的。

❖❖ 竞技体育非奥运项目发展概况

竞技体育项目不仅包括奥运项目，高水平的非奥运项目在世界赛场上同样寄托着人们强烈的期待。竞技体育非奥运项目应当是奥运项目以外的，参与者广泛并可充分挖掘自身潜力，提高技术水平，以参加国内外赛事活动争取优异成绩为目的的体育运动项目。我国正式开展的体育运动项目共有78个大项，141个分项，超过半数可

归为竞技体育非奥运项目。我国自贯彻奥运战略后,全运会设项开始与奥运会接轨,除武术外的所有非奥运项目从全运会中消失了。这使得非奥运项目的发展受到巨大影响,非奥运项目的比赛组织、办赛思路、电视转播等受到很大阻力。中国拥有14亿多人口,要实现体育强国,需要创造更多的运动机会,拓展更多的体育项目,满足人民群众过上美好生活的愿望。我国竞技体育非奥运项目的发展需要抓好训练工作,以局部带动整体,促进非奥运项目健康发展;在争取国家扶持的同时,紧抓非奥运项目进入社会和市场的总方针不变;非奥运项目在提高竞技水平的同时,要充分考虑社会发展和群众健身需要;适度调整赛事成绩的计分形式,适当调整非奥运项目核算标准,有效提升各地对非奥运项目的重视程度;通过竞赛活动促进市场繁荣,是今后体育发展的方向,更是发展非奥运项目的必由之路;让非奥运项目走进校园。

❖❖❖ 未来中国竞技体育的国际角色定位与发展战略

中国国际角色的重大转变以及国内外双循环环境的巨大变化,要求中国必须突破传统的体育发展理念和运行方式,探索出一条中国特色社会主义的体育强国之路。中国体育应该肩负起更明确的国际责任,"明确责任、主动调整、全面规划、积极推进",为体育在全球的健康发展，为中国的和平崛起做出更多的努力与贡献。新时期中国竞技体育发展战略需要我们继续认真探索竞技体育的发展规律，认真研究我国竞技体育发展的问题和制约因素，冷静分析竞技体育成绩、结构、效率等方面的问题。战略实施要保持并提高竞技体育发展水平；继续坚持与完善举国体制；奥运争光战略与全民健身战略协调发展；走体育科技创新之路；加快融入国际体育社会和世界体育体系。

▶▶ 社会体育学

社会体育学是体育科学和社会学交叉的综合学科，是社会学领域的应用社会学分支，也是体育科学中的一门基础学科。社会体育是中国体育的重要组成部分，无论在公益性的体育事业中，还是在经营性的体育产业中，社会体育都占据着重要的地位。社会体育学主要包括社会体育理论、各领域体育、体育锻炼、重点人群体育四大部分，具体包括社会体育概述、社会体育参与、社会体育与社会生产方式、社会体育与生活方式、《全民健身计划纲要》、社会体育指导员职业资格证书制度、社会体育经费和场地设施管理、职工体育、农村体育、城市社区体育、体育锻炼的原理与方法、娱乐体育的原理与方法、运动处

方、健康评价与体质测定、终身体育、老年人体育、妇女体育、残疾人体育、青少年体育等。

➡➡ **社会体育理论**

✥✥ **社会体育概述**

社会体育,是指职工、农民和街道居民自愿参加的,以增进身心健康为主要目的的,内容丰富、形式灵活的群众体育活动。我国社会体育发展经历了创业阶段,马鞍型发展阶段,畸形发展阶段,恢复、发展与初步改革阶段,改革的深化阶段。从现代社会体育结构上讲,由职工体育、老年人体育、妇女体育、幼儿体育、残疾人体育、家庭体育、民族体育、民间体育等构成。社会体育的组成因素主要有人、财、物、时间、空间、信息等。社会体育随着社会的发展逐渐向市场经济体制过渡,将全面走向社会化,其科学化水平将有较大的提高,管理呈多样化的格局。

✥✥ **社会体育参与**

中国社会体育发展,集中表现为群众性体育健身活动的广度和深度、社会体育参与的状况。参与社会体育活动是现代社会公民的一项基本权利,是人权的重要组成部分。一个国家或地区社会体育发展程度的主要衡量指标是人们的参与程度,其中最有代表性的指标就是体育人口的数量。体育人口是指在一定时期、一定地域,经常从事身体锻炼,接受体育教育,参加运动训练和竞赛,以及其他与体育事业有密切关系的、具有统计意义的社会群体。我国体育人口判定标准为参与体育运动每周3次以上,每次30分钟以上,每次活动强度中等程度以上。

❖❖ 社会体育与社会生产方式

社会生产方式即人们需要的满足方式,包括生产力和生产关系两个要素。作为社会实践活动组成部分的社会体育受到社会生产方式的影响和制约,同时社会体育对社会生产方式的发展又具有良好的促进作用。

❖❖ 社会体育与生活方式

生活方式是指人们在某种价值观念指导下,各种生活活动的形式,它包括人们的物质生活、精神生活、政治生活和社会生活。体育生活化的方式已经引起人们的高度关注。社会体育与生活方式有着密切的关系,起到互相促进的作用。健身运动、消遣娱乐是改善亚健康状态的一种积极、有效且廉价的手段。社会体育对改善人们的生活方式、提高人们的生活质量,起着至关重要的作用。

✥✥ 《全民健身计划纲要》

全民健身计划是一项在国家宏观指导下,依托社会、全民参与,与实现社会主义现代化目标相配套的社会系统工程,是动员和组织群众积极投入各种形式的体育锻炼,提高国民整体素质的跨世纪的国民体质建设发展战略规划。1995年,国务院正式颁布了《全民健身计划纲要》,之后每五年颁布一次,从总体要求到主要任务再到保障措施,全面促进全民健身。

✥✥ 社会体育指导员职业资格证书制度

社会体育指导员是指在群众性体育活动中从事运动技能传授、健身指导和组织管理工作的人员。社会体育指导员是发展社会体育的一支重要力量,加强对社会体育指导员队伍的管理对于社会体育的发展具有重要的意义。1993年,原国家体委颁发了《社会体育指导员技术等级制度》。2020年,人力资源和社会保障部、国家体育总局联合颁布《社会体育指导员国家职业技能标准(修订版)》,将社会体育指导员职业技能等级设为五个,分别为:五级/初级工、四级/中级工、三级/高级工、二级/技师、一级/高级技师。该标准对社会体育指导员的职业道德、培训、考核鉴定、申报与审批进行了全面说明,并在全国范围内施行。由此,我国社会体育指导员的管理向更高水平发展。

✦✦ 社会体育的经费和场地设施管理

社会体育经费管理的目的是广辟资金渠道,有效筹集和合理分配使用资金,以更好地促进社会体育的发展。社会体育经费的管理过程可以粗略划分为"经费筹集—分配使用—核算监督"三个基本环节。社会体育场地设施可根据产权性质、经营性质、所在区域划分。社会体育场地设施管理是为了提高用于开展社会体育活动场地设施的数量、质量,并提高现有体育场地设施的利用率,为群众体育活动创造条件,内容包括建设管理、使用和维修管理、经营管理三部分。

➡➡ 各领域体育

✦✦ 职工体育

职工体育是群众体育的重要组成部分,从参加的对象看,主要是厂矿企业、事业机关等单位的职工,是以健身娱乐为主要目的,根据"业余、自愿、灵活、多样"的原则所开展的体育活动。职工体育的管理包括组织管理、资金管理、设施管理、竞赛管理。

农村体育

农村体育,是指在县及县以下广大农村开展的,以农民为主要参加对象,以增强体质、丰富社会文化生活、促进社会主义现代化建设为主要目的的群众性体育活动。农村体育工作的主要任务是:努力普及群众性的体育活动,不断提高广大农民的身体素质和运动技术水平,从而为丰富农民的业余文化生活和社会主义现代化建设服务。农村体育的组织管理系统,主要包括农村体育的管理机构设置及其权限划分。

城市社区体育

我国的城市社区体育主要是指在人们共同生活的一定区域内(街道、居委会辖区范围),以辖区的自然环境和体育设施为物质基础,以全体社区成员为主体,以满足社区成员的体育需求、增进社区成员的身心健康、巩固和发展社区感情为主要目的,就近就便开展的区域性群众体育。城市社区体育可以按照体育活动的参与单元和活动范围、消费类型、活动时间、组织类型、参与人群、活动空间进行分类。城市社区体育的管理体系包括领导体系、协调体系、操作体系三大组成部分,市、区、街道、居委会

四个层次。各体系、各层次有各自的职责,发挥着各自的作用。(图 10)

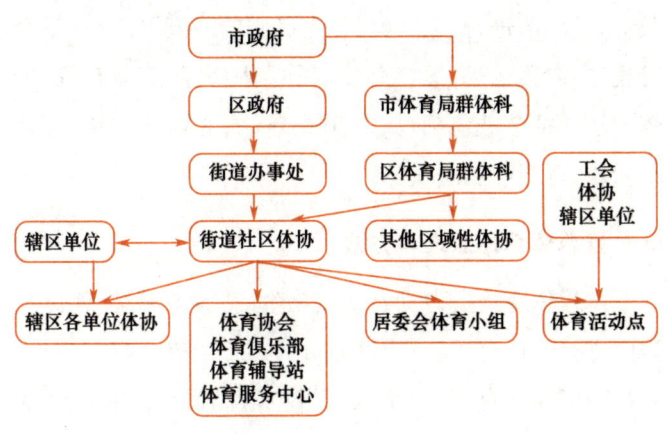

图 10 我国城市社区体育组织结构

➡➡ **体育锻炼**

✣✣ **体育锻炼的原理与方法**

体育锻炼即身体锻炼,是指运用各种身体练习方法,并结合自然力和卫生因素,以强健身体、增进健康、增强体质、调节精神、丰富文化生活为目的的身体活动。体育锻炼能改善和提高中枢神经系统的机能,促进有机体的生长发育,提高运动系统的机能和内脏器官的机能;还能

丰富文化生活,振奋精神,防治某些疾病。体育锻炼是实现社会体育目的的最基本的途径,对情绪的改善、衰老认知等心理方面具有积极作用。体育锻炼要坚持适宜运动负荷、循序渐进、持之以恒、因人制宜的原则;内容包括健身运动、健美运动、医疗体育、矫正体育、防卫体育等;锻炼方法包括节选练习法、单项重复法、群项组合法、变换练习法、竞赛与表演法等。

娱乐体育的原理与方法

娱乐体育是指为了丰富文化生活、调节精神、善度余暇而进行的体育活动,其根本目的在于消遣、娱乐、放松,获得积极性休息,陶冶情操,以健康、高尚、文明、科学的方式度过余暇。娱乐体育注重人文关怀,活动内容丰富多彩,具有时尚流行、从众、创新与回归自然的特点。娱乐体育按活动时的身体状态大致可以分为观赏性的活动、相对安静的活动、运动性的活动三类。进行活动方法的选择时要注意符合自己的身心特点、符合家庭和个人的经济实力,保持活动项目的相对稳定性以及活动群体的相对稳定性。

运动处方

运动处方是指医师用处方的形式规定体疗病人或运

动参加者运动的内容、运动量和运动强度。它是指导人们有目的、有计划地进行科学锻炼的一种形式,是一种个体化的科学的运动程序,是运动医学原理在运动实践中的具体应用。运动处方分为治疗性运动处方和预防性运动处方两类。具体内容包括:运动项目、运动强度、运动时间、运动频度、运动处方的格式。在制订运动处方时,应先对体疗病人或运动参加者的机能进行检查和运动设置,再选择合适的提高运动能力的方法。

✤✤ 健康评价与体质测定

世界卫生组织(WHO)在章程中给健康做了如下的定义:"健康不仅为疾病或羸弱之消除,而系体格,精神与社会之完全健康状态。"世界卫生组织提出了健康的十条标准,指出了青年人和老年人的健康要点,并分别说明了男性和女性的健康要点。健康程度分为1—4度,其中1—2度为健康者,3—4度为虚弱者。体质是人的生命活动和劳动工作能力的物质基础,包括身体形态发育水平、生理生化功能水平、身体素质和运动能力水平、心理发展状态、适应能力。国民体质测定指标包括形态类、机能类、素质类。

终身体育

终身体育是指一个人终身进行身体锻炼和接受体育教育。它包含两个方面的内容：一是人从生命开始至结束，学习与参加体育活动，使体育真正成为人一生中始终不可缺少的重要内容；二是在终身体育思想的指导下，以体育的体系化、整体化为目标，为人在不同时期、不同生活领域提供参加体育活动机会的实践过程。终身体育的基本模式包括主动型的终身参与模式和被动型的间断参与模式。

重点人群体育

老年人体育

社会老龄化是指老年人口在总人口中的比重增大的一种现象，是社会发展进步的必然结果和当今多数国家面临的社会问题。老年人体育是指由老年人生活、健康、身体需要和老年人体育市场需求增长带动而形成的体育活动项目，它包括所有与满足老年人特殊需求有关的健身、保健、康复、运动、娱乐、消遣、旅游等体育运动。老年人在身体锻炼时应遵循的原则有针对性原则、实效性原则、循序渐进原则、因时制宜原则、经常性原则；还要注意心理指导,包括科学规划和设计活动的空间环境、提高老年人体育的组织化程度、协助老年人维持良好的生活节奏。

✥✥ 妇女体育

妇女参加体育锻炼,不仅是中国体育事业全面发展和腾飞的重要条件,而且是中华文明进步的显著标志。妇女参加体育活动的主要目的是健身、长寿;主要动机是保持体形、改善容貌;主要形式是自发参与、随机组合;常见的锻炼手段是户外轻器械练习和徒手练习。妇女体育锻炼需要注意月经期、妊娠期、更年期等特殊时期。

✥✥ 残疾人体育

残疾人体育是残疾人及其群体在长期的社会实践活动中所形成的一种体育参与现象,是全民健身计划实施的重要内容。作为一种特殊的体育存在形态,残疾人体育有其鲜明的特点。社会特点包括社会关爱性、发展性、超越性;心理特点包括超人的毅力、战胜自卑恐惧的信念;活动特点包括体育活动的独立性、锻炼内容形式的非同一性、体育锻炼的基础性、方法手段的单一性。残疾人进行体育活动时要根据残疾类型选择有针对性的活动;

要选用专一活动内容进行学习和锻炼；要借助自然环境和条件进行活动；要针对康复需要配合医疗手段进行活动。

✤✤ 青少年体育

青少年体育顾名思义是以青少年群体为主，促进青少年身心全面发展的体育活动。中共中央、国务院印发的《"健康中国2030"规划纲要》将青少年作为重点人群进行体质干预，2022年修订的《中华人民共和国体育法》将青少年和学校体育并列作为一章呈现，足以看出党和国家对青少年体育的高度重视。现在青少年肥胖、近视、脊柱侧弯等问题令人担忧，青少年体育运动发展迫在眉睫。青少年体育以促进青少年身体健康为主要目的，提高青少年运动技能。国家体育总局发布的《"十四五"体育发展规划》和教育部相关文件明确提出青少年需要普遍掌握1~2项运动技能。青少年体育的开展将随着体教融合的进程，形成"家校社"一体化的新局面。

应用篇

体育学发展

从作为一种身体活动和教育手段的体育,到逐渐成为专门课程和知识体系的体育学;从普遍不被接受的职业到被承认、被需要的事业,体育学在党和国家的高度重视下得到了快速发展。体育学在知识体系上不断得到丰富完善,在学科建设上不断创新,在人才培养上形成了学士—硕士—博士完整的教育培养体系(现有各省市自治区体育职业学院专科培养,在职业教育改革中也将转向本科培养)。体育学在从高速增长转向高质量发展的过程中,既"立足脚下",向国家需求和人民需要方向发展,培养的人才向体育教师、体育教练、体育产业、体育管理、体育康复、体育研究等多元化方向发展;又"放眼世界",向体育学前沿交叉科学和未来技术领域方向发展,构筑新兴的体育事业。

授业：高等院校体育人才培养

教育如果没有体育，教育就不完全，我觉得体育比什么都重要，不懂体育的人不宜当校长。

——张伯苓

高等院校体育学是体育学的主体，我国的高等院校从新中国成立初期起就开展体育学硕士研究生培养，到现在已经为国家培养了大量高层次的体育专门人才。从层次上看，建立了体育学学士—硕士—博士完整的教育培养体系；从院校类型上看，由少量的体育院校到现在全面覆盖的综合性大学，具有研究生培养资格的三分之一高校承担了体育（学）研究生培养任务；在规模上也不断突破，专业增多，招生数量增加，基本形成了具有中国特色和独特优势的培养体系。

▶▶ 体育类本科生培养

自2002年我国高等教育进入大众化阶段以来,培养规模的不断扩大对高等教育人才培养提出了全新的要求。体育学类专业人才培养也随着时代的变革和社会发展需求的变化,做出了相应的改革。从新中国成立到现在,我国高等教育经历了数次专业目录调整,体育学类本科专业从少到多,从一个专业到一类专业,从专一型到复合型人才培养,正逐步走向全面提升、发展高质量教育的道路,对于体育强国和教育强国建设起到重要的作用。

➡➡ 专业设置与开设院校

2020年2月,教育部印发了《普通高等学校本科专业目录(2020年版)》,教育学门类下体育学类本科专业新增为13个,分别是体育教育、运动训练、社会体育指导与管理、武术与民族传统体育、运动人体科学、运动康复、休闲体育、体能训练、冰雪运动、电子竞技运动与管理、智能体育工程、体育旅游、运动能力开发。体育学类本科专业学制均为四年制,各院校开设的专业有所不同,形成了特色鲜明的专业培养体系(表7)。

表7　　体育类本科专业设置及招生院校数量

专业名称（代码）	专业介绍	主要课程	招生院校（所）
体育教育（040201）	本专业主要培养适应我国社会主义现代化建设和基础教育改革与发展的实际需要，德、智、体、美、劳全面发展，专业基础深厚，具有现代教育观念、良好的科学素养和职业道德以及具有创新精神和实践能力的复合型人才。本专业要求学生掌握较系统的教育心理科学、体育生物科学、体育社会科学和体育技术学科的基础理论，全面掌握体育教育的基本理论、基本技术和基本技能，并在全面发展的基础上有所专长，毕业后能够胜任学校体育教学、课余运动训练、体育部门的管理和科研工作	体育学、教育学、心理学、体育学概论、学校体育学概论、体育教学论、教育心理学、运动项目理论与实践、篮球、足球、排球、乒乓球、羽毛球、网球、体操、田径等	355
运动训练（040202K）	本专业要求学生掌握运动技术学科、运动人体科学、教育心理科学的基本理论、基本知识；掌握一般运动训练和专项运动训练的	运动损伤与急救、学校体育学、体育教学心理学、体育保健康复学、运动训练管理学、休闲	113

(续表)

专业名称（代码）	专业介绍	主要课程	招生院校（所）
运动训练（040202K）	分析方法和技术；具有从事专项运动训练与教学、竞赛组织与裁判等工作的基本能力；熟悉我国体育工作运动训练、运动竞赛等方面的方针、政策和法规；了解一般运动训练和专项运动训练的发展动态；能够在专业运动队、各类体育院校、普通高等院校运动队、体育传统项目学校、各级体育俱乐部、业余体育学校等单位从事运动训练、教学、科研和管理等工作	体育概论、运动选材学、运动竞赛学、运动技能学、体能训练学、中学体育教材教法、学校体育学、运动负荷调控、主修专项训练与实践、排球专项训练实践与理论、跆拳道专项训练实践与理论、体操专项训练、羽毛球专项教学训练理论与实践等	
社会体育指导与管理（040203）	本专业要求学生掌握社会体育方面的基础理论和基本知识，掌握指导大众体育、养生健身、休闲娱乐及特殊人群运动、健身的基本技能，毕业后能够胜任社会体育领域中的实际工作和理论研究；能够把握休闲体育活动规律和洞察休闲体育市场变化，在休	运动生理学、运动心理学、运动保健、社会体育概论、社会体育管理、体育健身概论、中华体育养生等	296

174

（续表）

专业名称（代码）	专业介绍	主要课程	招生院校（所）
社会体育指导与管理（040203）	闲体育活动中，能有效地从事推广、指导、经营和规划工作，有效地进行产品策划、设计与开发，并组织各种休闲类体育活动		
武术与民族传统体育（040204K）	本专业要求学生掌握武术、传统体育养生、民族民间体育的基本理论与基本知识；掌握本专业的技术技能与功法；具有在本专业领域进行教学、训练、指导与管理的基本能力；熟悉国家所制定的与本专业有关的方针、政策与法规；了解本专业的国内外发展动态；能从事武术、传统体育养生及民族民间体育工作	体育学、历史学、中医学、民族传统体育概论、武术史、中国文化概论、武术理论基础、传统养生学、中医学基础、专项理论与实践、运动生理学、运动解剖学、运动心理学等	53
运动人体科学（040205）	本专业要求学生掌握生物科学、临床医学和体育学的基本理论、基本知识；掌握体育保健与康复的工作方法、运动员身体机能诊断与评价；掌握文献检索	教育学、高等数学、基础化学、物理学、人体解剖与运动解剖学、人体生理与运动生理学、生物化学与运	24

（续表）

专业名称（代码）	专业介绍	主要课程	招生院校（所）
运动人体科学（040205）	的基本方法,具有从事运动人体科学教学、研究和实验操作的基本能力;熟悉党和国家体育事业、科学研究、社会发展方针、政策和法规;了解本专业及相关学科的发展动态和理论前沿;能从事运动人体科学、体育保健康复方面的健身指导、治疗、教学、科研及竞技运动科研攻关、服务等工作	动生物化学、运动生物力学、运动保健学、运动康复学、医务监督、临床医学基础、中医养生康复学、计算机应用、外语、体育(田径、体操、球类等)	
运动康复（040206T）	本专业培养在掌握基础医学、预防医学、临床医学、人体运动科学基础理论、基本知识的基础上,系统掌握现代康复医学和健康科学的基本理论、基本技能、基本方法,具有较强实践能力和创新精神,能在各类康复医疗机构和健康机构从事康复治疗及健康服务与管理的高级康复治疗师。要求学生熟悉国家体育卫生的工作方针、政	运动疗法、中医基础理论、中医养生学、康复医学概论、针灸学、体育保健学、安全防护与急救处理、健身体能锻炼方法、传统健身理论与方法、运动生物力学、运动生物化学、运动生理学、中医诊断学、养生运动学、推拿学基	89

（续表）

专业名称（代码）	专业介绍	主要课程	招生院校（所）
运动康复（040206T）	策及有关法规,掌握运动康复与健康专业的基础理论、基本知识、基本技能,了解中外运动康复与健康方面的学术动态和发展趋势;具备独立思考、合作精神和从事康复治疗工作的实际能力	础、推拿治疗学、运动解剖学、运动创伤与防治、正常人体解剖、康复功能评定、肌肉骨骼康复学等	
休闲体育（040207T）	本专业要求学生掌握休闲体育相关学科的基本理论、基本知识;掌握指导休闲体育、大众健身、体育旅游、体育赛事相关的运动技术和技能;具有从事休闲体育活动的组织管理、咨询指导、经营开发及教学等方面的基本能力;了解国内外休闲体育的前沿状况和发展动态;掌握指导与服务、开发与管理、策划与设计的基本能力;能从事休闲体育健身俱乐部经营与管理、休闲体育指导与服务、体育旅游项目开发与管理、休闲体育产品策划与设计等工作	休闲体育理论与方法、运动休闲事业管理、心理学、教育学、体育产业与经济、体育俱乐部经营管理、体育市场营销、高尔夫、时尚有氧运动、攀岩、户外运动、体育舞蹈、民间体育、健身操等	111

(续表)

专业名称（代码）	专业介绍	主要课程	招生院校（所）
体能训练（040208T）	本专业通过提供与国际接轨的课程体系，与运动实践相结合的教学方法，着力培养掌握体能训练基础理论方法与实操技能；具备良好科学素养与国际视野，能够在各级各类运动队、体育科研机构、社会健身机构应用相关专业知识与技能，从事体能训练指导工作的应用型体育人才	运动生物力学、运动营养学、体能训练科学原理与应用、运动能力测试评估、生长发育与运动、人体肌动学、体能训练计划制订、体能训练理论与实践等	11
冰雪运动（040209T）	本专业主要学习冰雪运动相关的专业知识，涉及防护、救护、指导等专业知识及赛事组织、运营、推广等内容	运动训练学、主修项目理论与实践、运动选材学、运动营养与恢复、运动训练管理学、运动心理学、运动生理学、运动生物力学、教育学等	13
电子竞技运动与管理（040210TK）	本专业主要培养学生掌握电子竞技基本理论、工作规律和实践能力。其目的是培养从事电子竞技运动	互联网文化、电子竞技概论、电子竞技技能基础、电子竞技赛事概论、企	3

(续表)

专业名称（代码）	专业介绍	主要课程	招生院校（所）
电子竞技运动与管理（040210TK）	竞赛、教练、裁判、主持与主播、赛事（活动）组织与管理等工作的高素质技术技能型人才	业运营与管理、竞技心理学、数字媒体技术基础、体育市场营销、计算机设备维护基础、电子竞技场馆管理、电子商务与网络营销等	
智能体育工程（040211TK）	本专业利用人工智能、虚拟现实、物联网等技术，与体育深度融合，依托运动人体科学、运动训练学研究成果，构建体育大数据，研究体育运动中的人类智能活动规律，构造智能化系统，为提高运动员竞技能力、促进大众科学健身提供新的高科技手段。本专业培养符合数字化时代体育产业需要的新型体育科技人才，注重学科交叉和创新实践，培养能在智能体育、体育大数据、互联网、计算机技术及其他电子技术等方面从事教学、科研和管理工作的高层次复合型人才	运动人体科学导论、生物力学、生物与运动信息采集、体育测量与评价、运动训练学、生物力学、人机工效学、数字逻辑与数字系统、算法设计与分析、数据结构、人工智能基础、机器学习导论、模式识别基础、智能信息处理、机器视觉、动作捕捉与虚拟现实、数字体育概论等	2

（续表）

专业名称（代码）	专业介绍	主要课程	招生院校（所）
体育旅游（040212TK）	本专业培养德、智、体、美、劳全面发展，具有较强的体育专项运动能力，掌握体育学、教育学、旅游学、管理学、经济学等学科的基本理论和方法，具备体育旅游行业管理、项目策划与营销、咨询与培训、休闲运动项目技术指导等综合实践能力的应用型人才。课程设置以市场为导向，以旅游综合服务为基础，以休闲体育项目为特色，强调学生的项目策划与市场营销能力的培养，为体育旅游市场输送高素质专业人才	旅游学概论、旅游接待业、旅游目的地管理、旅游消费者行为、体育旅游概论、体育活动策划与组织、教学方法论、专项教学训练理论与实践（以时尚新锐休闲体育项目为主）等	6
运动能力开发（040213T）	本专业是对人体运动或训练过程中的综合运动能力进行测量、分析与调控的科学体系，具有明显的学科交叉融合特征。该专业在继承体育学专业特色的基础上，吸纳、融合并延伸运动训练、体育教育、体能训练、运动人体科学等传	运动表现分析概论、运动训练监控、运动训练学概论、生长发育与运动、体能训练理论与方法、运动技能学习与控制、肌动学等	1

(续表)

专业名称 （代码）	专业介绍	主要课程	招生院校 （所）
运动能力开发 （040213T）	统体育学专业的知识与能力结构，着力于培养"晓理论、懂体育、会监控、善反馈"的"运动训练监控师"和"懂数据、能分析、善运动、会转换"的"运动技战术表现分析师"等体育专业人才，以满足当今社会发展对新型体育人才的巨大需要		

注：根据教育部阳光信息平台、《2021年度普通高等学校本科专业备案和审批结果》整理

➡➡ 培养规格要求

根据学校定位和专业要求，体育学类本科专业培养的有应用型人才、复合型人才、创新型人才、高级专门人才等类别，培养规格上基本都围绕素质、知识、能力三个类别。其中，素质包括基本素质和专业素质；知识包括素养类知识和专业类知识；能力包括获取与应用知识的能力、创新创业能力、社会服务能力等（表8）。

表 8　我国体育学类本科专业人才培养的规格要求

培养规格	类　别	要　求
素　质	基本素质	热爱祖国,拥护中国共产党的领导,牢固树立并践行社会主义核心价值观,具有高度的社会责任感、良好的敬业精神、较强的创新精神和实践能力;遵纪守法,诚实守信,恪守学术道德规范;具有人文情怀、科学素养和审美情趣;具有弘扬中华民族体育文化精神的自觉意识;具有强健的体魄、积极的人生态度和良好的心理素质
素　质	专业素质	掌握体育学的基本理论、基本技能和基本方法,具备较强的专业技能;初步掌握体育学研究的基本手段和方法,能够运用体育学的理论和技能分析和解决本专业领域各种实际问题;了解国家有关体育工作的方针、政策和法规;具有相关领域工作所需的创新精神、创业意识、创新创业能力和从业资格
知　识	素养类知识	具有良好的思想道德修养;掌握一定的自然科学、社会科学和创新创业知识,熟悉一门外国语,基本能阅读与本专业有关的外文文献;熟练掌握计算机的应用知识;具有与健康生活方式有关的知识
知　识	专业类知识	系统掌握体育学基础知识和各个分支学科的专门知识;理解运动技能的有关原理;了解体育改革与发展动态以及体育科研发展趋势;初步掌握体育科学研究方法,能够撰写体育学术论文和研究报告

（续表）

培养规格	类别	要 求
能 力	获取与应用知识的能力	具有自主学习、自我发展的能力,能够利用现代化手段获取信息,语言文字表达能力良好。具备较强的专项运动技能,能将专业知识与技能融会贯通;具有求真务实的科学态度,初步具有研究和解决体育专业领域实际问题的能力;具有适应未来工作所需的操作能力和管理能力
	创新创业能力	富有创新精神,具有敏锐的观察力和分析问题、解决问题的能力,基本具备从事体育科学研究的能力;具有创业意识,具备创业认知能力、专业职业能力、资源获取与整合能力;具有独立工作能力、沟通联系能力、合作协调能力
	社会服务能力	具有公共服务意识和公益精神,掌握社会服务的基本技能与方法,具有较强的团队精神、协作能力,能够从事与体育有关的社会服务工作

▶▶ 体育类硕士生培养

为了满足国家对高校向应用型转型的要求,顺应社会发展变化,2009年教育部开始授权高校招收并培养全日制专业型硕士研究生,以解决现有侧重理论研究的学术型硕士研究生不能完全满足社会发展对具有系统体育

专业知识、较高体育专业素养和良好运动技能的高层次、应用型体育专门人才需求的问题。2013年,教育部、国家发展改革委以及财政部等相关部门联合印发了《关于深化研究生教育改革的意见》,其中指出"积极发展硕士专业学位研究生教育,推进学术学位与专业学位硕士研究生分类考试",标志着我国硕士研究生培养类型逐步由全日制学术型单一模式向学术型与专业型协调发展模式转变,体育学类硕士研究生培养也同样如此。我国体育学硕士研究生招生数从1951年的9人,发展到1980年学位制度刚建立时的34人,再到2000年的294人,2020年招生数已达1.27万人。

➡➡ 体育类学术型硕士培养

体育类学术型硕士的培养学制均为全日制三年,专业包括体育人文社会学(040301)、运动人体科学(040302)、体育教育训练学(040303)、民族传统体育学(040304)四个学科方向,大类方向为体育学(040300),根据培养学校的优势学科和特色,每个学科方向下的研究项目有所不同。

❖❖ 培养规格与要求

国务院学位委员会、教育部于2013年出台了《一级学科博士、硕士学位基本要求》,对各学科博士、硕士学位授予提出了具体要求,研究生质量有了"国家标准"。体育类学术型硕士培养规格包括基本知识、基本素质、基本学术能力、学位论文等方面,提出了相应的培养要求(表9)。

表9　　　　　体育类学术型硕士培养规格与要求

培养规格	类别	要求
基本知识	基础知识	基本掌握马克思主义哲学、科学研究方法论、体育的基本概念和基础知识;具有一定的知识面,了解体育学知识基本原理和主要研究方法
	专业知识	体育人文社会学硕士生:应基本掌握与体育的本质、价值、结构、功能、行为、关系、制度、管理等有关的基础概念和知识
		运动人体科学硕士生:应基本掌握与体育有关的人体形态、生理与心理机能、生化机制、运动生物力学等基础概念和知识
		体育教育训练学硕士生:应基本掌握与体育教育、运动训练、运动竞赛组织与管理等有关的基础概念和知识
		民族传统体育学硕士生:应基本掌握和武术理论与方法、体育养生理论与方法、民族民间体育发展等有关的基础概念和知识
		此外,必须掌握与自身研究领域密切相关的核心概念和基础知识

(续表)

培养规格	类别	要求
基本素质	学术素养	具备服务社会的使命感和责任感，置身于科教兴国、人才强国和中华民族伟大复兴的宏伟事业之中，以推进社会进步为己任，勤于积累知识，提高创新意识，探求真知，在学术研究中坚持严谨细致、一丝不苟的科学态度。自觉维护学术尊严和学者的声誉，保护知识产权，遵守学术研究的基本规范和科学伦理
	学术道德	树立法制观念，恪守学术道德规范；严于律己，做到实事求是、客观诚实，杜绝编造篡改数据或资料，随意对原始数据进行删裁取舍等不正当学术行为；不得传播封建迷信和伪科学
基本学术能力	获取知识的能力	具备通过查阅文献、课程学习、学术交流、观察、调查、研讨等途径，获取体育领域有关知识的能力，了解当前体育学发展的动向和学术前沿动态；具备自主学习体育学相关领域的基础理论和专业知识、基本方法和技能，获取专业知识和研究方法的能力
	科学研究能力	对研究问题的理论意义和现实价值具备一定的价值判断能力；对研究方法的使用、研究成果的创新性、学术规范与学术道德等具有一定的学术鉴别能力；具备一定创新能力与应用能力
	实践能力	具备独立开展学术研究的能力，较好掌握必要的运动技能，具备一定的体育科学研究和适应未来工作所需的操作能力和合作能力

(续表)

培养规格	类别	要求
基本学术能力	学术交流能力	具备运用计算机和现代信息技术表达学术成果的能力;较为熟练地掌握一门外国语,基本能阅读本专业的外文资料、开展科学研究,能在国内学术会议和学术期刊等学术研究平台上与同行进行学术交流、表达学术思想和展示学术成果
学位论文	规范性要求	学位论文应是体育学学科前沿领域课题或重要理论与实践课题,研究课题要突出科学性、可行性;应符合科学研究道德规范、学术规范、体育科技论文写作规范等,必须是一篇系统完整的学术论文,应有一定的学术水平等
	质量要求	具有独立从事科学研究的能力;应体现创新性与实践性,在所研究领域具有一定的理论意义和实用价值;达到一定的学术水平

注:来源于国务院学位委员会、教育部《一级学科博士、硕士学位基本要求》

❖❖❖ 培养院校

全国体育类学术型硕士研究生培养院校在新中国成立初期只有北京体育大学(原名中央体育学院,1956年更名为北京体育学院,1993年更名为北京体育大学)和上海体育学院,如今已发展到有108所院校进行体育类专业培养学术型硕士研究生招生培养,院校数量为体育人文社会学63所、运动人体科学47所、体育教育训练学92所、民族传统体育学44所;培养体育类学术型硕士研究

生的院校在类型上包括师范类院校、综合性大学、体育院校、研究所等(表10)。

表10　　体育类学术型硕士研究生培养院校

省(自治区、直辖市)	院　　校	数量
北京市	(10003)清华大学、(10027)北京师范大学、(10029)首都体育学院、(10043)北京体育大学、(11413)中国矿业大学(北京)、(11415)中国地质大学(北京)、(84601)国家体育总局体育科学研究所	7
天津市	(10065)天津师范大学、(10071)天津体育学院	2
河北省	(10094)河北师范大学	1
山西省	(10108)山西大学、(10110)中北大学、(10112)太原理工大学、(10118)山西师范大学	4
内蒙古自治区	(10135)内蒙古师范大学、(10136)内蒙古民族大学	2
辽宁省	(10141)大连理工大学、(10145)东北大学、(10165)辽宁师范大学、(10166)沈阳师范大学、(10176)沈阳体育学院、(11258)大连大学	6
吉林省	(10183)吉林大学、(10184)延边大学、(10200)东北师范大学、(10201)北华大学、(10203)吉林师范大学、(10208)吉林体育学院	6
黑龙江省	(10217)哈尔滨工程大学、(10231)哈尔滨师范大学、(10233)牡丹江师范学院、(10242)哈尔滨体育学院	4

(续表)

省(自治区、直辖市)	院　校	数量
上海市	(10248)上海交通大学、(10251)华东理工大学、(10269)华东师范大学、(10270)上海师范大学、(10277)上海体育学院	5
江苏省	(10285)苏州大学、(10286)东南大学、(10290)中国矿业大学、(10294)河海大学、(10304)南通大学、(10319)南京师范大学、(10320)江苏师范大学、(10330)南京体育学院、(11117)扬州大学	9
浙江省	(10335)浙江大学、(10345)浙江师范大学、(10346)杭州师范大学、(10351)温州大学、(11646)宁波大学	5
安徽省	(10370)安徽师范大学、(10373)淮北师范大学	2
福建省	(10390)集美大学、(10394)福建师范大学	2
江西省	(10403)南昌大学、(10404)华东交通大学、(10414)江西师范大学、(10418)赣南师范大学、(11318)江西科技师范大学	5
山东省	(10422)山东大学、(10425)中国石油大学(华东)、(10445)山东师范大学、(10446)曲阜师范大学、(10447)聊城大学、(10451)鲁东大学、(10457)山东体育学院	7
河南省	(10459)郑州大学、(10475)河南大学、(10476)河南师范大学	3
湖北省	(10489)长江大学、(10491)中国地质大学(武汉)、(10497)武汉理工大学、(10511)华中师范大学、(10512)湖北大学、(10522)武汉体育学院	6

(续表)

省(自治区、直辖市)	院　校	数量
湖南省	(10531)吉首大学、(10534)湖南科技大学、(10542)湖南师范大学、(11535)湖南工业大学	4
广东省	(10558)中山大学、(10561)华南理工大学、(10574)华南师范大学、(10585)广州体育学院、(11078)广州大学、(10590)深圳大学	6
广西壮族自治区	(10602)广西师范大学、(10603)南宁师范大学、(10608)广西民族大学	3
海南省	(11658)海南师范大学	1
重庆市	(10611)重庆大学、(10635)西南大学	2
四川省	(10610)四川大学、(10636)四川师范大学、(10638)西华师范大学、(10653)成都体育学院	4
贵州省	(10663)贵州师范大学	1
云南省	(10681)云南师范大学	1
西藏自治区	(10695)西藏民族大学	1
陕西省	(10701)西安电子科技大学、(10702)西安工业大学、(10718)陕西师范大学、(10719)延安大学、(10727)西安体育学院	5
甘肃省	(10731)兰州理工大学、(10736)西北师范大学	2
青海省	(10746)青海师范大学	1
新疆维吾尔自治区	(10762)新疆师范大学	1

注:根据中国研究生招生信息网整理

➡➡ **体育类专业型硕士培养**

体育类专业型硕士的培养是以体育事业人才需求为导向,旨在培养具有系统体育专业知识、较高体育专业素养和良好运动技能的高层次、应用型体育专门人才,为我国体育事业发展输送合格的体育教师、教练员、社会体育指导及各类体育竞赛管理人员等。其学制为全日制二至三年,领域可分为体育教学(045201)、运动训练(045202)、竞赛组织(045203)和社会体育指导(045204)等,其大类为体育(045200)。

✥✥ **专业设置**

国务院学位委员会、教育部发布了《专业学位类别(领域)博士、硕士学位基本要求》,对各学科专业硕士、博士的培养提出了具体要求,是教育行政部门开展质量监督、学位授予单位保证学位授予质量、导师指导研究生学习的国家标准。体育硕士专业学位基本要求包括基本素质、基本知识、基本能力、实践训练、学位论文五个方面(表11)。

表 11　　　　　　　　体育硕士专业学位基本要求

培养规格	类别	要　求
基本素质	学术道德	应树立法制观念,奉行学术自律,恪守学术规范和职业操守,旗帜鲜明地反对各种不道德的学术不端行为,杜绝弄虚作假、急功近利等不良作风,以追求公平公正、传播先进体育文化、推动社会进步为己任,维护我国学位授予的严肃性和权威性
	专业素养	应具备坚实的体育专业知识和技能,掌握体育学的基本理论与方法,基本掌握一门外语,熟知本专业领域最新发展动态,具有理论联系实际的工作能力、良好的人际关系沟通能力、知识更新的自我学习能力,能够解决体育实践中的问题,胜任体育教学、运动训练、竞赛组织与管理和社会体育指导等领域职业岗位的基本要求
	职业精神	应热爱体育事业,具备职业服务意识和爱岗敬业精神,对所从事的体育职业具有高度的责任心、使命感,尽职尽责、尽心尽力自觉维护职业尊严,遵守职业道德,树立良好的职业形象
基本知识	基础知识	应广泛学习与体育运动相关的自然科学和人文社会学基础知识(教育学、医学、生物学、管理学、社会学等),并能将基础知识转化为个人的学术素养,为专业学习和体育实践奠定基础
	专业知识	应掌握系统的专业性知识,通过公共课、专业领域核心课、选修课和实践训练,完善专业知识结构,提高未来执岗能力,其中专业领域核心课程主要包括:运动技能学习与控制、体适能测评理

(续表)

培养规格	类别	要求
基本知识	专业知识	论与方法,体育教材教法、运动训练理论与方法(田径等专项)、运动训练科学监控、运动伤病防治与康复、体能训练理论与方法、体育市场营销、体育管理理论与实务、体育赛事组织与管理、健身理论与实践、运动休闲项目概要等课程
基本能力	获取知识和技能的能力	应具有良好的独立学习与思考的能力,通过文献查阅、课程学习、学术交流、实习与实践等途径获取体育专业知识和技能,不断更新知识、完善技能,以适应未来岗位工作需要
基本能力	实践研究能力	能够运用所掌握的体育专业知识和实践经验,熟悉相关领域的典型案例与事例,发现工作中的实际问题,并通过归纳、分析、总结等有效方法,提出解决问题的工作方案
基本能力	专业实践能力	应具备较强的专业实践能力,能独立运用所学理论知识和专业技能解决体育活动中出现的问题;要有团队协作意识,善于社会交往、与人互动交流与沟通,整合人力、物力资源,有效组织、开展各类体育实践活动
实践训练	实践内容	应以提高体育硕士专业学位各领域实践能力为目标,建立与体育行业的企事业单位相结合的联合培养基地和校外实践指导教师团队,接受与职业发展相适应的实习、实践训练,强化体育硕士专业学位研究生的实践能力和创业能力培养

(续表)

培养规格	类别	要求
实践训练	实践管理	参加实习、实践训练的时间累计不少于6个月,采用集中与分段、个人与集体、课堂与课外、校内与社会相结合的方式。研究生管理部门和研究生导师对研究生专业实践要实行全过程的管理和质量评价;确保实习、实践训练工作的效果与质量
学位论文	选题要求	学位论文选题须紧密结合体育教学、运动训练、竞赛组织与管理和社会体育指导等领域工作需要,理论联系实际,运用科学理论与方法,分析解决体育工作中存在的实际问题,要具有针对性、可行性和应用价值
	形式和规范	学位论文可以是实验研究报告、调查研究报告、案例分析和方案设计等形式,符合各体例结构的基本结构
	水平要求	学位论文须符合上述体例结构规范,应做到研究问题明确,研究内容充实,方法科学、合理,观点明确,逻辑清晰,阐述准确,图表规范,调查问卷、访谈提纲、实验数据、视频资料等附录齐全,参考文献充足,基本涵盖所研究领域的最新发展动态学位论文或报告正文篇幅不少于1.5万字;应保证有半年以上的时间认真撰写专业学位论文

注:来源于国务院学位委员会、教育部《专业学位类别(领域)博士、硕士学位基本要求》

❖❖ **培养院校**

教育部自2009年授权高校招收全日制专业型硕士研究生以来，全国发展到有143所院校对体育类专业型硕士进行招生培养，培养院校在类型上包括师范类院校、综合性大学、体育院校、研究所等（表12）。

表12　　　　　　　体育类专业型硕士培养院校

省（自治区、直辖市）	院　校	数量
北京市	（10001）北京大学、（10003）清华大学、（10027）北京师范大学、（10029）首都体育学院、（10043）北京体育大学、（11413）中国矿业大学（北京）、（11415）中国地质大学（北京）、（84601）国家体育总局体育科学研究所	8
天津市	（10065）天津师范大学、（10071）天津体育学院	2
河北省	（10094）河北师范大学、（10216）燕山大学、（10798）河北科技师范学院	3
山西省	（10108）山西大学、（10110）中北大学、（10112）太原理工大学、（10118）山西师范大学	4
内蒙古自治区	（10135）内蒙古师范大学、（10136）内蒙古民族大学	2
辽宁省	（10141）大连理工大学、（10145）东北大学、（10165）辽宁师范大学、（10166）沈阳师范大学、（10167）渤海大学、（10176）沈阳体育学院、（11035）沈阳大学、（11258）大连大学	8

（续表）

省(自治区、直辖市)	院　校	数量
吉林省	(10183)吉林大学、(10184)延边大学、(10200)东北师范大学、(10201)北华大学、(10205)长春师范大学、(10208)吉林体育学院	6
黑龙江省	(10222)佳木斯大学、(10231)哈尔滨师范大学、(10232)齐齐哈尔大学、(10242)哈尔滨体育学院	4
上海市	(10247)同济大学、(10248)上海交通大学、(10269)华东师范大学、(10270)上海师范大学、(10277)上海体育学院、(10280)上海大学	6
江苏省	(10285)苏州大学、(10288)南京理工大学、(10290)中国矿业大学、(10291)南京工业大学、(10319)南京师范大学、(10320)江苏师范大学、(10330)南京体育学院、(11117)扬州大学	8
浙江省	(10345)浙江师范大学、(10346)杭州师范大学、(10351)温州大学、(11646)宁波大学	4
安徽省	(10363)安徽工程大学、(10370)安徽师范大学、(10371)阜阳师范大学、(10372)安庆师范大学、(10373)淮北师范大学	5
福建省	(10385)华侨大学、(10390)集美大学、(10394)福建师范大学	3
江西省	(10404)华东交通大学、(10408)景德镇陶瓷大学、(10414)江西师范大学、(11318)江西科技师范大学	4

(续表)

省(自治区、直辖市)	院　校	数量
山东省	(10422)山东大学、(10423)中国海洋大学、(10427)济南大学、(10445)山东师范大学、(10446)曲阜师范大学、(10447)聊城大学、(10451)鲁东大学、(10457)山东体育学院	8
河南省	(10459)郑州大学、(10460)河南理工大学、(10466)河南农业大学、(10467)河南科技学院、(10475)河南大学、(10476)河南师范大学、(10477)信阳师范学院	7
湖北省	(10489)长江大学、(10491)中国地质大学(武汉)、(10511)华中师范大学、(10512)湖北大学、(10513)湖北师范大学、(10522)武汉体育学院、(10524)中南民族大学、(11072)江汉大学、(11075)三峡大学	9
湖南省	(10531)吉首大学、(10533)中南大学、(10534)湖南科技大学、(10537)湖南农业大学、(10542)湖南师范大学、(10543)湖南理工学院、(11535)湖南工业大学	7
广东省	(10558)中山大学、(10559)暨南大学、(10561)华南理工大学、(10574)华南师范大学、(10585)广州体育学院、(11078)广州大学	6
广西壮族自治区	(10593)广西大学、(10602)广西师范大学、(10603)南宁师范大学、(10608)广西民族大学、(91009)陆军特种作战学院	5
海南省	(11658)海南师范大学	1
重庆市	(10611)重庆大学、(10635)西南大学、(10637)重庆师范大学、(11799)重庆工商大学	4

(续表)

省(自治区、直辖市)	院 校	数量
四川省	(10610)四川大学、(10613)西南交通大学、(10632)西南医科大学、(10636)四川师范大学、(10638)西华师范大学、(10651)西南财经大学、(10653)成都体育学院、(11079)成都大学	8
贵州省	(10657)贵州大学、(10660)贵州医科大学、(10663)贵州师范大学、(10672)贵州民族大学	4
云南省	(10673)云南大学、(10676)云南农业大学、(10681)云南师范大学、(10691)云南民族大学	4
西藏自治区	(10695)西藏民族大学	1
陕西省	(10698)西安交通大学、(10702)西安工业大学、(10703)西安建筑科技大学、(10705)西安石油大学、(10718)陕西师范大学、(10727)西安体育学院	6
甘肃省	(10736)西北师范大学、(10742)西北民族大学	2
青海省	(10746)青海师范大学	1
宁夏回族自治区	(10749)宁夏大学	1
新疆维吾尔自治区	(10762)新疆师范大学、(10764)伊犁师范大学	2

注:根据中国研究生招生信息网整理

▶▶ 体育类博士生培养

自1987年我国招收了第一位（运动生理学）体育博士生以来，到现在每年体育类博士生的招生规模近500人，这为我国体育事业的发展及体育强国的建设奠定了坚实基础。在"稳定规模，提升质量"的战略背景下，体育类博士生培养呈现多元化趋势：在招生上从"普通招考"到"申请审核制""直博生"多种形式并存；在培养学制上逐步以全日制三或四年培养为主，弹性学制不超过八年。体育类博士生已成为我国体育领域高层次人才的生力军，高校的体育类博士生培养为推动我国体育事业高质量发展提供了重要的人才保障。

➡➡ 培养院校

截至2021年，全国共建有30个体育类一级学科博士学位授权单位，分布在20个省（自治区、直辖市），培养院校在类型上包括师范类院校、综合性大学、体育院校等（表13）。

表 13　　　　体育类一级学科博士学位授权单位

类　型	学　校	数量
体育院校	北京体育大学、成都体育学院、哈尔滨体育学院（联合培养）、上海体育学院、首都体育学院（联合培养）、武汉体育学院、天津体育学院	7
师范类院校	北京师范大学、东北师范大学、福建师范大学、广西师范大学、河北师范大学、华东师范大学、华南师范大学、华中师范大学、辽宁师范大学、南京师范大学、曲阜师范大学、陕西师范大学	12
综合性大学	河南大学、吉林大学、吉首大学、清华大学、苏州大学、山东大学、山西大学、武汉大学、西南大学、扬州大学、浙江大学	11

注：根据中国研究生招生信息网整理

➡➡ 培养规格与要求

体育类博士生培养专业包括体育人文社会学（040301）、运动人体科学（040302）、体育教育训练学（040303）、民族传统体育学（040304）四个学科方向，大类方向为体育学（040300）。国务院学位委员会、教育部于 2013 年出台了《一级学科博士、硕士学位基本要求》，体育类博士生培养规格包括基本知识及结构、基本素质、基本学术能力、学位论文等方面，提出了具体的培养要求（表 14）。

表 14　　　　　体育类博士生培养规格与要求

培养规格	类别	要求
基本知识及结构	基础知识	在掌握马克思主义哲学、科学研究方法论、体育的基本概念和知识体系基础上，还应掌握与本学科相关的核心概念和基本知识体系
	专业知识	体育人文社会学博士生：应掌握与体育的本质、价值、结构、功能、行为、关系、制度、管理等有关的基础概念和基本知识体系； 运动人体科学博士生：应掌握与体育有关的人体形态、生理与心理机能、生化机制、运动生物力学等基础概念和基本知识体系； 体育教育训练学博士生：应掌握与体育教育、运动训练、运动竞赛组织与管理等有关的基础概念和基本知识体系； 民族传统体育学博士生：应掌握与武术理论与方法、体育养生理论与方法、民族民间体育发展等有关的基础概念和基本知识体系； 体育学博士生还必须牢固掌握与自身研究领域密切相关的核心概念和基本知识体系
基本素质	学术素养	应具备献身体育科技、服务社会的历史使命感和社会责任感，置身于科教兴国、人才强国和中华民族伟大复兴的宏伟事业之中，以推进社会进步为己任，坚持严谨细致、一丝不苟的科学态度。要以知识创新和技术创新作为科学研究的直接目标和动力，对体育学问题具有浓厚兴趣，对体育未知领域具有强烈的探索愿望。应具备在体

（续表）

培养规格	类 别	要 求
基本素质	学术素养	育学领域开展前沿研究和创新研究的学术潜力；掌握相关的知识产权、研究伦理等方面知识，主动维护权益，促进学科发展
	学术道德	应树立法制观念，恪守学术道德规范，严于律己，自觉维护学术尊严和学者的声誉，尊重他人劳动和权益，保护知识产权；依照学术规范，不以任何不正当手段谋取利益；实事求是、客观诚实，杜绝不正当学术行为。积极传播科学知识，提高公众的科学鉴赏力，不得宣传封建迷信和伪科学
基本学术能力	获取知识能力	应具备获取体育领域有关知识的能力，较好地掌握当前体育学发展的动向和学术前沿动态；具备通过多途径获取体育学相关领域的基础理论、专业知识、研究方法的能力；具备广泛且批判性地阅读文献，通过推导，获取探究知识来源的能力
	学术鉴别能力	应具备对研究问题的理论意义和现实价值的价值判断能力；对研究过程中使用的方法等问题具有学术鉴别能力；对研究成果的原则性、学术规范与学术道德、文字表达、行文规范等具有学术鉴别能力
	科学研究能力	应具备独立思考和发现问题的能力，能敏锐地提出有重要理论意义或应用价值、属于学科前沿领域或重大理论与实践的研究问题；具备开拓、创新地分析和解决问题的能力，能熟练掌握与灵活运用体育科学研究的方法论和技术，独立或组织

（续表）

培养规格	类 别	要 求
基本学术能力	科学研究能力	团队从事创造性的科学研究工作及跨学科合作研究，并能取得创新性的科研成果。在博士学位论文答辩之前，已完成一定的创新性的科学研究
	学术创新能力	应具备敢于挑战、勇于批判、大胆质疑权威，善于从现有理论间、理论与现实之间、理论与方法之间发现新现象、新问题，根据体育学学科的前沿领域和发展动向，提出具有创新性问题的能力；具备运用坚实宽广的体育学基础理论和系统深入的专业知识，对提出的新问题进行创新性思考的能力；具备熟练应用科学研究方法和技术，对提出的问题开展创新性科学研究的能力；具备对所研究的领域有独到见解，在科学或专门技术上做出创新性成果的能力
	学术交流能力	应具备熟练运用计算机和现代信息技术表达学术成果的能力；熟练掌握一门外语，具备熟练阅读本专业的外文资料、开展科学研究的能力；具备主持小型国内外学术会议，在国内外学术会议和学术期刊等学术研究平台上与同行进行学术交流、表达学术思想和展示学术成果的专业能力
学位论文	选题与综述的要求	应在把握本研究领域研究现状和发展动态的基础上确定研究课题。研究的课题应是体育学学科前沿领域课题或重大理论与实践课题，要突出科学性、创新性、先进性、可行性

(续表)

培养规格	类别	要求
学位论文	规范性要求	学位论文的研究工作应包括选题和开题报告、学位论文进展和完成情况的中期检查、论文评阅、预答辩、答辩等环节。各环节应符合具体规范要求
	成果创新性要求	具有独立从事创造性科学研究的能力;应具有原创性,能运用新视角或新方法,采用先进技术、设备、手段、信息进行论文研究工作;在本学科领域具有独到的见解,具有较大的理论意义和实用价值,达到较高的学术水平

注:来源于教育部《一级学科博士、硕士学位基本要求》

从业：体育学就业导向

> 体育承载着国家强盛、民族振兴的梦想。体育强则中国强，国运兴则体育兴。要把发展体育工作摆上重要日程，精心谋划，狠抓落实，不断开创我国体育事业发展新局面，加快把我国建设成为体育强国。
>
> ——习近平

在现代化强国建设中，体育强国、教育强国、健康中国都离不开体育事业的建设。体育学专业学生的就业在以下多个转变中迎来了巨大的市场前景：在学校体育中，体育与健康课程课时排在除语文、数学外的第三位，体育中考分值逐年上升，36所自主招生大学要求考生体育必须达标；在群众体育中，全民健身计划、《"健康中国2030"

规划纲要》得以实施,全民健康目标下,每千人拥有社会体育指导员从1.86名发展到2.16名,需要大量的体育从业者来引导群众进行科学健身、有效锻炼;在竞技体育中,我国从体育大国向体育强国迈进的过程中需要无数的教练员、科研工作者从事科研攻关、科技服务和医疗保障工作;在体育产业中,体育产值由2.95亿元发展到5万亿元,从业人员规模由505.1万人发展到超过800万人;等等。根据《中华人民共和国职业分类大典》(2022年版),体育相关职业包括体育教学人员、社会体育指导员、体育学研究人员、运动防护师、教练员、裁判员、运动员、体育经理人、体育场馆管理员、游泳救生员、康乐服务员、体育经纪人、电子竞技运营师、电子竞技员、体育用品制作人员等(表15)。本章将重点介绍与体育学专业毕业生就业相关度较高的就业方向。

表 15　　　　　　体育相关职业

种类	定 义	工作任务
体育教学人员	在各类教育机构中从事教学工作的专业人员	包括高等学校、中小学、幼儿教育机构、特殊学校进行体育教育教学工作

(续表)

种类	定义	工作任务
社会体育指导员	在群众性体育活动中，从事运动技能传授、锻炼指导和组织管理工作的人员	提供健身项目和健身方法咨询；制订健身计划和方案；讲解、示范技术动作，指导参加体育活动的人员掌握、提高运动技能；检查运动场地、器械的安全性，为参加体育活动的人员提供安全保护；评价体育锻炼效果；组织管理群众体育活动。本职业包含但不限于下列工种：游泳指导员、滑雪指导员、潜水指导员、攀岩指导员
体育学研究人员	从事体育学等理论和应用研究的专业人员	研究体育原理、体育思想、体育发展规律、体育基础理论和方法；研究体育人文社会学、运动人体科学、体育教育训练学、民族传统体育学等本质特征、发展规律的理论和方法；研究全民健身、竞技体育、体育产业、学校体育和体育文化的理论、政策和实践；研究各运动项目的理论、政策和实践
运动防护师	从事运动损伤和疾病预防、评估、急救、治疗、康复的专业人员	评估运动损伤和疾病等内外部风险；制定与实施运动损伤和疾病的预防措施；进行运动损伤和疾病的现场急救；评估与治疗运动损伤和疾病；指导运动损伤和疾病的康复；进行运动防护宣传教育和管理

（续表）

种类	定义	工作任务
教练员	在体育运动训练和竞赛中，培养、训练和指导运动员的专业人员	进行运动员综合素质、职业道德规范、体育竞技规则的教育培养；指导运动员进行技战术等专项训练，提高运动水平；制订训练计划和参赛方案；指导运动员进行比赛
裁判员	在体育运动竞赛中，依据竞赛规程、规则和裁判法，对竞赛过程进行管理和结果进行成绩、胜负和名次裁定或评定的专业人员	依据竞赛规程、规则，启动体育比赛；依据竞赛规程、规则，管理比赛过程；对违规者依照竞赛规则给予相应的判罚；依据竞赛规程、规则，评定比赛结果
运动员	从事各类运动项目训练和比赛的专业人员	在教练员的指导下，进行体育专项训练，提高运动能力和技术水平；参加各级各类比赛，争取优异运动成绩
体育经理人	在体育组织中，从事赛事运作、场馆运营、项目管理的专业人员	研究、制订运动项目的竞赛管理、项目规划、商务开发方案，并推广实施；实施体育赛事的运作与组织、商务开发与推广、品牌与票务营销；运营管理体育场馆和体育设施，组织开展场馆公共服务；规划、管理职业体育俱乐部的竞赛组织和运动员训练保障，进俱乐部的商务开发与运营；提供体育营销策划与体育项目运营管理咨询服务

（续表）

种类	定义	工作任务
体育场馆管理员	在体育运动场所，从事场地、器材和设备的布置、调试、维护、保养等工作的人员	根据运动项目规则，进行场地的铺设、布线、贴线等布置；操作相应专用器械，维护、保养场地；布置、检查、调整、保养运动器材和设备；排查体育场馆中场地、器材、设备等的安全隐患；操作体育场馆信息管理系统，进行场地、器材、设备的信息化管理；制订有关管理制度、应急预案等。本职业包含但不限于压雪车驾驶员、浇冰师、高尔夫球童
游泳救生员	在游泳场所中，观察游泳者，进行安全防护，并对溺水者进行赴救和现场急救的人员	检查救生防溺器材和设备，排除安全隐患；观察和判断游泳者的状况，并进行安全防护；对溺水者进行现场赴救；对游泳运动中常见的运动损伤进行初步应急处理；在医务人员到来之前，运用人工呼吸和心肺复苏等方法对溺水者进行现场急救。本职业包含但不限于自然水域救生员、游泳池救生员
康乐服务员	在健身和娱乐场所，为宾客提供服务的人员	办理健身和娱乐服务项目预订手续；迎送宾客，介绍设施、器材的使用方法，进行技术指导；进行游泳池、健身房、保龄球馆等康乐场所的日常维护管理，处理救生、器械伤害等意外事故；保持康乐场所卫生、舒适；为宾客提供酒水、饮料；结账、收费；进行公关销售与日常管理

(续表)

种类	定 义	工作任务
体育经纪人	在体育市场中,从事运动员、体育活动、组织等中介服务工作的人员	提供运动员转会、参赛、表演、无形资产开发与运营以及日常事务管理等服务;策划、包装、开发与推广体育赛事、表演以及旅游等活动;进行体育组织和场馆的市场开发与推广、无形资产开发与运营等;提供其他体育需求方的人才流动、体育赞助、经济信息、技术指导、咨询等服务
电子竞技运营师	从事电子竞技组织活动及内容运营的人员	进行电竞活动的整体策划和概念规划,设计并制订活动方案;维护线上、线下媒体渠道关系,宣传、推广、协调及监督电竞活动主题和品牌;分析评估电竞活动商业价值,确定活动赞助权益,并拓展与赞助商、承办商的合作;协调电竞活动资源,组织电竞活动;制作和发布电竞活动的音视频内容,并评估发布效果;提供电竞活动总结报告,管理档案
电子竞技员	从事不同类型电子竞技项目比赛、陪练、体验及活动表演的人员	参加电子竞技项目比赛;进行专业化的电子竞技项目训练活动;收集和研究电竞战队动态、电竞游戏内容,提供专业的电竞数据分析;参与电竞游戏的设计和策划,体验电竞游戏并提出建议;参与电竞活动的表演

(续表)

种类	定义	工作任务
体育用品制作人员	从事体育用球、球拍、球网、健身器材等体育用品制作工作的人员	使用器械设备或手工，将所需材料制成体育用品，并进行组装和调试。包括制球工、球拍球网制作工、健身器材制作工

注：来源于《中华人民共和国职业分类大典》(2022年版)

本节主要选取与体育院校人才培养就业相关度较高的体育教学人员、社会体育指导员、体育学研究人员、运动防护师，职业化程度较高的教练员、裁判员、运动员、体育经理人，以及体育产业相关从业者进行介绍说明。

▶▶ 体育教学人员

体育教学人员是指学校里以体育教育教学活动为主的一类工作人员。体育在我国最初就是出现在学校，从体操的操练到多项目课程设置，再到专门体育院校体育人才培养，都离不开体育教学人员。体育教学人员是一项专门的职业，《中华人民共和国教师法》规定"教师是履行教育教学职责的专业人员"，《体育职业概论》将体育教学人员定义为："在不同级别和类型的教育机构中从事与

体育相关课程教学工作的人,是一项专门从事体育教育教学工作的职业。"[1]体育教学人员是学校体育教育的重要组成部分,在促进学生全面发展和培养体育后备人才上发挥着重要作用。

➡➡ **体育教学人员需求情况**

新时代党和国家高度重视学校体育工作发展,要求配齐配强体育教学人员,并对学校体育工作提出了更高要求,开齐开足体育课,明确体育教学人员课时量,这无形中为体育教师的就业提供了更多的岗位与机会。

✤✤ **原有编制不足,需要弥补体育教学人员编制缺口**

"十三五"期间,每年增补体育教学人员约2万名,从50.2万名增加到59.5万名,据悉按原来学校体育教学人员配备标准全国缺编约20万名。新时代在"双减"政策下,基础教育阶段学校体育受到空前重视,为体育教学人员的就业提供更多的机会。

✤✤ **新时期新样态体育课,体育教学人员需求量增多**

2020年,中共中央办公厅、国务院办公厅印发的《关

---

[1] 易剑东.体育职业概论[M].上海:复旦大学出版社,2013:10.

于全面加强和改进新时代学校体育工作的意见》明确指出:"配齐配强体育教师。各地要加大力度配齐中小学体育教师,未配齐的地区应每年划出一定比例用于招聘体育教师。"2021年教育部办公厅印发《〈体育与健康〉教学改革指导纲要(试行)》的通知,提出:"将开齐开足上好体育课落到实处,在基本保障小学1—2年级每周4节体育课,小学3年级以上至初中每周3节体育课,高中每周2节体育课的基础上,鼓励中小学各学段根据学校实际适当增加每周体育课时,义务教育阶段可每天1节体育课,高中阶段保障每周3节体育课以上……中小学体育教师每周基本教学工作量保障12课时。"通过对新时期新样态体育课时数和工作量的核定,发现体育教师严重不足,需求量急剧增加。

➡➡ 体育教学人员就业情况

体育教学人员一直是体育院校培养的人才毕业后主要从事的职业,尤其是体育教育专业毕业生,到学校担任体育教学人员的概率最高。

✣✣ 体育教学人员分类

体育教学人员按照其教授对象大致可分为幼儿园体育教学人员、中小学体育教学人员、高校体育教学人员、

适应体育（残疾人体育）教学人员、中等职业院校体育教学人员。各类型的学校对体育教学人员的要求有所不同：幼儿园体育教学人员是指在幼儿园中专门从事幼儿体育教学活动的教育工作者，除了具备基本的体育技能与体育知识、素质外，还需要结合幼儿的身体技能发展方向和心理的需求具备游戏创编、体适能教学等能力；中小学体育教学人员需要考取相应的小学或中学体育教师资格证，除了具备体育教学人员通用的职业技能外，还需学习大量有关中小学生身体、心理等方面的知识，以利于工作的顺利开展；高校体育教学人员必须具备硕士学位，同时必须具备某一项或某几项专业体育技能，若从事体育专业的教学工作，对从业者的相关学历、技能的要求则更高；适应体育有时也被称为残疾人体育教学人员，适应体育（残疾人体育）为残疾学生讲授体育课（在我国只有少数残疾学生在一般学校接受教育，大部分残疾学生都在特殊学校接受教育）。近年来随着我国残疾人事业的发展，对适应体育（残疾人体育）教学人员的需求量日益增加。

❖❖ 体育院校体育教学人员就业情况

从近几年各大体育院校发布的就业质量报告来看，其体育教学人员/教育领域依旧占据就业的主流，为各大体育院校毕业生就业率最高的行业：北京体育大学进入教育行业的毕业生比例为65.44％，本、硕、博毕业生进入教育行业的比例分别为54.84％、71.81％、85.51％（2020届）；上海体育学院本、硕、博毕业生进入教育行业的比例分别为19.70％、42.77％、79.17％（2021届）；天津体育学院本、硕毕业生进入教育行业的比例分别为44.72％、53.01％（2021届）；首都体育学院本、硕毕业生进入教育行业的比例分别为42.18％、61.48％（2021届）；广州体育学院毕业生进入教育行业的比例为33.99％（2019届）；武汉体育学院本、硕毕业生进入教育行业的比例分别为43.37％、76.58％（2019届）。

▶▶ 社会体育指导员

2020年，由国家体育总局制定、劳动和社会保障部颁布的《社会体育指导员国家职业技能标准（2020年版）》出台，其对社会体育指导员的定义是："在群众性体育活动中，从事运动技能传授锻炼指导和组织管理工作的人员。"

➡➡ 社会体育指导员需求情况

随着现代体育由小众精英体育向大众健身体育发展，全民健身已成为时代的需求。社会体育指导员已成

为我国体育事业和体育产业中一个非常重要的职业类型,他们与运动员、教练员、体育教学人员、裁判员、体育科技人员、体育管理工作者一样,承担着繁重的体育工作。在健康中国建设背景下,为使全民健身公共服务体系更加完善,社会体育指导员队伍建设不仅成为国家政策驱动的刚需,而且成为群众健身的必需。

❖❖ 国家政策驱动,刚性需求增加

2021年,国务院在印发的《全民健身计划(2021—2025年)》通知中指出:"每千人拥有社会体育指导员2.16名……深化社会体育指导员管理制度改革,适当降低准入门槛,扩大队伍规模,提高指导服务率和科学健身指导服务水平。"同年,国家体育总局印发的《"十四五"体育发展规划》也明确提出:"人均体育场地面积达到2.6平方米,经常参加体育锻炼人数比例达到38.5%,每千人拥有社会体育指导员2.16名。"因此,在职业诉求上,社会体育指导员已成为国家构建更高水平的全民健身公共服务体系的刚需,数量上达到新高度。

❖❖ "健康中国,全民健康"的必需

"健康中国,全民健康",体育运动成为促进人们健康生活的方式。在全民健身生活化的推进中,人民群众迫

切需要健身服务指导，尤其是专业性较强的特色运动项目，更离不开专业技术人员指导，"科学健身、精准锻炼"已成为大众对健身的期盼，组织社会体育指导员广泛开展全民健身指导服务成为人们对美好生活的期待。

➡➡ 社会体育指导员从业情况

社会体育指导员在从业过程中往往不以社会体育指导员的名称从业，而是这一领域从业者的集合，包括各个项目的业余训练与指导、群众体育工作的组织指导等。

✣✣ 社会体育指导员分类

社会体育指导员按照劳动性质可分为公益性社会体育指导员和职业性社会体育指导员。《社会体育指导员技术等级制度》中的社会体育指导员主要是公益性的；《社会体育指导员国家职业技能标准（2020年版）》中的社会体育指导员主要从事有偿服务的体育指导工作，被纳入国家劳动服务管理体系，是体育市场中的重要职业。

社会体育指导员根据等级分类，按照职业技能等级可分为三级社会体育指导员、二级社会体育指导员、一级社会体育指导员、国家级社会体育指导员；按照职业标准可分为五级/初级工到一级/高级技师五个等级。

最初纳入我国社会体育指导员职业标准的试点运动项目有 47 个，现已扩展到 91 个，有游泳、体育舞蹈、健美操、篮球、足球、棒球、垒球、乒乓球、羽毛球、网球、高尔夫球、台球、保龄球、自行车、射箭、射击、滑冰、滑雪、散打、空手道、轮滑、攀岩、卡丁车、蹦极、潜水、漂流、滑翔伞、热气球、动力伞、跆拳道、柔道、摔跤、拳击、武术、击剑、马术、帆板、跳伞、滑水、象棋、围棋、航海模型、国际象棋、拓展、山地户外等。

✥✥ 社会体育指导员就业现状

现阶段我国公益性社会体育指导员大多为招募的社区工作者，这种政府计划的社工的数量难以满足大众需求。尤其是全国各地各类经营性健身场馆逐年增多，需要大量掌握不同专业技能的社会体育指导人员来满足消费者的不同健身需求。截至 2023 年 3 月，我国目前共有超过 45 万家体育培训相关企业，近三年来随着"双减"政策实施以来，新增 15 万多家体育培训相关企业，职业性社会体育指导员大多以各项目培训的私人健身教练或者业余教练的形式从业，其需求量在"双减"政策背景下与日俱增。

▶▶ 体育学研究人员

《中华人民共和国职业分类大典(2022年版)》中将体育学研究人员定义为:"从事体育学理论和应用研究的专业人员,工作任务是研究体育原理、体育思想、体育发展规律、体育基础理论和方法;研究体育人文社会学、运动人体科学、体育教育训练学、民族传统体育学等本质特征、发展规律的理论和方法;研究全民健身、竞技体育、体育产业、学校体育和体育文化的理论、政策和实践;研究各运动项目的理论、政策和实践。

➡➡ 体育学研究人员需求情况

在科技创新的百年未有之大变局中,加强体育学研究人员的培养是体育强国建设的重要举措。推动全民健身智慧化发展,加强科研攻关、科技服务,构建体育科技协同创新平台,加快推动人工智能,培育经济发展新动能等,都离不开科技支持,也离不开体育学研究人员的无私奉献与持续钻研。

✥✥ 竞技体育需要科技攻关

在《国务院办公厅关于印发体育强国建设纲要的通

知》(国办发〔2019〕40号)的战略任务中提出:"统筹国际国内体育科技资源,构建跨学科、跨地域、跨行业、跨部门的体育科技协同创新平台,加强科研攻关、科技服务和医疗保障工作。……加强国际交流与合作,强化科技助力,提高'三大球'训练、竞赛的科学化水平。"北京冬奥会无疑是中国科技力量的一次完美展示,也对未来科技攻关提出了更多的期待。

❖❖ 群众体育需要科学指导

体育强国建设需要推进全民健身智慧化发展,《全民健身计划(2021—2025年)》需要提供全民健身智慧化服务,推动线上和智能体育赛事活动开展,提升科学健身指导服务水平。全民健身国家战略的制定与实施方案,需要广大的体育学研究人员持续不断提供研究支持,以更快、更好、更高水平地实现健康中国目标。

❖❖ 体育产业新动能需要科研推动

体育产业的发展需要激发市场主体活力。研发设计体育用品,引导企业加大自主研发和科技成果转化力度,开发科技含量高、拥有自主知识产权的产品,研发与制造可穿戴运动设备和智能运动装备等,都离不开科研的推动。

➡➡ 体育学研究人员从业情况

体育学研究人员的就业相对其他体育职业要求较高，研究方向与自身所学专业高度一致，一般需要硕士研究生以上学历。

✣✣ 体育学研究人员分类

从现有体育研究的领域来看，体育学研究人员从事的工作一般分为理论与政策宏观研究、运动科技攻关实践研究、体育装备研发、智能电子检测与监测等。

✣✣ 体育学研究人员从业去向

体育学研究人员就业单位，大致可分为五类：其一，国家体育总局及各省市自治区体育科学研究所，包括国民体质与科学健身研究中心、运动训练研究中心、体能训练研究中心、运动心理与生物力学研究中心、运动生物科学研究中心、运动康复研究中心、体育社会科学研究中心、奥林匹克研究中心、电子竞技研究室、体育工程研究中心、综合实验中心、体育服务检验中心；其二，教育部及省部共建重点实验室，比如北京体育大学运动与体质健康教育部重点实验室、上海体育学院运动健身科技省部共建教育部重点实验室、华东师范大学青少年健康评价

与运动干预教育部重点实验室等;其三,企业体育健身器材和装备研发中心,比如华为运动健康科学实验室、清华大学-安踏集团运动时尚联合研究中心;其四,国家体育总局体育文化发展中心,负责研究、制订体育文化发展的规划、计划和方针政策;其五,中国教育科学研究院及各省市自治区教育科学研究院、体卫艺研究所及教育研究所等。

▶▶ 运动防护师

自2005年北京体育大学成为首个招收运动康复与健康专业学生的高等院校以来,至今已有89所高等院校开设此专业。2015年,《中华人民共和国职业分类大典》中新增了运动防护师职业,特指从事运动损伤和疾病预防、评估、急救、治疗、康复的专业人员,是新兴体育、健康和医学交叉结合的新职业。

➡➡ 运动防护师需求情况

运动具有双刃效应,科学的运动有利于身体健康,不当的运动则容易引起机体损伤。众所周知,"预防胜于治疗",因此,无论是全民健身运动的推进,还是竞技体育追求卓越的表现都离不开运动防护师的参与,其在训练及比赛过程中为运动者提供损伤预防、协助诊断、干预治疗及伤后康复的运动医学保健。

✤✤ 健康中国行动下全民健康需要科学指导

伴随着《"健康中国2030"规划纲要》工作任务的推进,全民健身氛围渐浓,人们的观念从注重"治已病"向注重"治未病"转变,需要运动防护师对大众健康生活方式进行指导及干预,通过科学运动缓解或治愈现代"文明病";此外,全民身体素质的提高,也迫切需要运动防护师的科学指导,比如采用什么方式健身,运动量是多少,不当运动导致跟腱炎、膝关节损伤等该如何预防、治疗、康复,为科学健身提供重要保障。

✤✤ 体育强国建设下竞技体育实力提升需要精心呵护

在竞技体育领域,追求最佳运动表现的运动员常伴随着运动伤害,累积的运动伤害甚至会提前结束运动员的运动生涯,对这些运动伤害的处理就成为运动员攀登高峰的关键。我们经常看见在运动员的背后有一群默默陪伴的守护者——运动防护师。他们在第一线贴身照护运动员的生活、训练与比赛等各项细节,守护运动员的身心健康,让运动员能以最佳状态迎战。运动员每一项运

动成绩的取得,都离不开优秀运动团队的付出,也包括其中的运动防护师。

➡➡ 运动防护师从业情况

✣✣ 运动防护师的分类

运动防护师自被列为体育职业以来,国家不断完善其人才培养体系。2020年为深化体育专业人员职称制度改革,推动加快建设体育强国,人力资源社会保障部、体育总局以人社部发〔2020〕76号文印发实施《运动防护师职称评价基本标准》,将运动防护师分为初级、中级、高级、正高级,与国际运动防护接轨,主要涉及预防运动伤害,运动伤害的辨别、评估与紧急处理,运动伤害后的康复与体能调整,健康管理,专业发展与责任几大领域。

✣✣ 运动防护师的就业

运动防护师具有较好的就业前景,可以在专业运动队、各级医院的康复机构、体育运动基地、健康休闲俱乐部、职业运动俱乐部、养老院、社区、健康与康复科研所、体育与卫生行政部门等机构从事康复治疗、健康教育、健康测定与评估、健身指导、卫生保健、医疗监督、科学研究及行政管理的工作。有关调查资料显示,运动防护师进入医疗机构从事康复治疗工作的约占24％，大部分进入体育保健、公共营养等行业，随着健康观念的转变，科学健身运动的兴起，运动防护师将会成为具有较大潜力的职业。

▶▶ 教练员、裁判员、运动员、体育经理人

《中华人民共和国职业分类大典》（2020年版）第二类中将体育专业人员分为教练员、裁判员、运动员、运动防护师（上节已介绍）、体育经理人。本节将其进行归类介绍，因为这几类职业具有高度的专业性，指向狭义的竞技体育或职业体育。

➡➡ 教练员、裁判员、运动员、体育经理人需求情况

随着我国社会经济转向高质量发展，体育职业化程度越来越高，竞技体育逐渐向大众普及，融入国民教育体系，对教练员、裁判员、运动员、体育经理人的需求日益增加。

✥✥ 竞技体育体制转变将职业大门向大众敞开

教练员、裁判员、运动员、体育经理人的需求与我国竞技体育体制改革相关。在新中国成立初期的"举国体

制"下，教练员与运动员基本都是在国家体工队模式下培养的，属于国家体委编制内"一条龙"（青年队—国家队），与教育之间多为平行发展，简单来说是体教配合。20世纪80年代，我国开始实行体教结合，普通高校开始组建高水平运动队，学校体育教育也承担体育后备人才培养任务，为国家输送高水平运动员，比如清华大学跳水的"梦之队"、北京理工大学足球队等。20世纪90年代，体育走上职业化道路，足球、篮球、排球相继走上职业化征程，运动员、教练员、裁判员开始真正成为职业。现阶段国家实施体教融合，将竞技人才的培养融合到国民教育体系之中，教练员、运动员、裁判员及体育经理人职业也逐渐向大众敞开大门，并且随着体育职业化进程不断推进，大量运动员、裁判员、教练员、体育经理人将会从校园中走出。

✧✧ 国家体育发展规划营造了良好的职业氛围

《"十四五"体育发展规划》中明确提出，"支持高校组建高水平运动队……统筹谋划职业体育发展……畅通体制内教练员、运动员职业化发展通道。探索职业运动员人才培养多元渠道，推动形成符合中国国情和职业体育特点的职业运动员管理制度"。这无疑为运动员、教练员、裁判员、体育经理人的就业营造了良好的职业氛围。

➡➡ 教练员、裁判员、运动员、体育经理人从业情况

❖❖ 各职业的分类情况

根据教练员是否以执教为职业并将其作为重要的收入来源,可将教练员分为职业教练和业余教练。职业教练是具有相关资格,以教练这项工作为职业的人;业余教练具有一定的体育专业素质和项目知识,能对初级运动者进行简单培训,他们通常以此为兴趣和爱好,或兼有其他正式工作。裁判员可以分为业余裁判员、半职业裁判员和职业裁判员。我国裁判员职业化程度并不高,大部分为业余裁判员,他们都有各自的职业,如教师、工人等。运动员按照主要收入来源,可划分为职业运动员和业余运动员。职业运动员主要参加带有明显商业性质的职业比赛,比如中职篮、足球超级联赛等;还有一些不是商业性质的职业比赛,比如"草根杯"各种比赛等。体育经理人根据经理活动可以分为赛事经理人、运动员经理人、体育组织经理人、企业经理人和保险经理人。

❖❖ 各职业的就业情况

教练员、裁判员、运动员、体育经理人职业因为其高度的专业性,就业相对较为集中,对就业人员自身专业能力要求更为苛刻。不过随着体教融合和体育职业化、体

育赛事活动丰富化，各职业人群可自由在职业和业余之间转换，增加了就业机会。高校高水平运动员中的佼佼者可走上职业运动员道路。在我国，体育经理人的发展还处于起步阶段，来源多为运动员亲属、专业运动员。总的来说，随着职业化程度的提升，教练员、裁判员、运动员、体育经理人的就业机会将日益增多，具有一定的发展前景。

▶▶ 体育产业相关从业者

根据国家统计局印发的《三次产业划分规定》，体育产业与文化和娱乐业一起组成了文化、体育和娱乐业。在当前"国家机关、事业单位"凡进必考的录用机制，厂矿企业对体育专业人才萎缩的情况下，文化、体育和娱乐业这些新兴产业相对较为灵活，且蕴含巨大的升值空间，甚至可以开创属于自己的产业时代。

➡➡ 体育产业相关从业者需求情况

我国经济处于从高速增长向高质量发展转型时期，体育产业迎来了前所未有的发展良机，也为体育产业相关从业者从业提供了契机。

✥✥ 国家体育规划为体育产业相关从业者从业创造良机

国家体育总局发布的《"十四五"体育发展规划》中明确提出：到2025年"体育产业总规模达到5万亿元，增加值占国内生产总值比重达到2%，居民体育消费总规模超过2.8万亿元，从业人员超过800万人。"规划指出体育产业从业人数从2019年505.1万直接增加近300万，这无疑为体育产业相关从业者带来更多的就业机会；另外，在体育产业总规模中，以前是体育用品及制造占据了主导地位，本次规划特别提出体育消费总规模超过2.8万亿元，这无疑是对体育产业结构的一次调整，为体育本体产业（服务业）发展带来巨大的空间，为体育产业相关从业者从业创造生机。

✥✥ 体育产业新形态为体育产业相关从业者创造新契机

体育企业与高等院校联合建立10所集"产、学、研、转、创、用"于一体的高水平体育产业学院；"体育+"工程，大力发展体育运动技能培训、运动健康服务、体育旅游等产业，打造100个国家体育旅游示范基地；打造规则明晰、层次多样、群众喜爱的赛事活动体系等，这些新的产业发展布局，全方位为体育产业相关从业者从业带来新的契机。

➡➡ 体育产业相关从业者从业情况

体育产业从业较为灵活，且就业范围非常广泛。体育产业相关从业者可以是基层员工，也可以自己创业当老板；可以从事健身技能服务，也可以从事"体育＋新媒体信息开发"等。

✤✤ 体育产业分类

体育产业可以分为体育本体产业、体育相关产业两部分，其中体育本体产业是指企事业单位以提供体育服务为主的体育生产经营活动，是狭义上的"体育产业"，又称为"体育服务业"，包括体育健身娱乐业、体育竞赛表演业、体育信息传播业、体育培训业等。体育相关产业则包括体育建筑业、体育用品制造业、体育旅游业、体育广告业、体育金融保险业、体育商业服务业等。体育本体产业有利于吸纳体育学专业学生就业。

✤✤ 体育产业相关从业者从业基本情况

从现有体育产业从业情况来看，就业发展比较迅速的是体育培训业、新媒体体育传播业等。体育培训业包括体育技能培训市场、体育效能培训市场、体育职业培训市场。体育技能培训市场提供的主要是对运动项目的培训,尤其是青少年行业体育技能培训市场的迅速增长,带动了一大批就业创业者;体育效能培训市场提供的主要是对身体效能的培训;体育职业培训市场提供的主要是岗位培训,比如体育经理人培训、网球穿线师培训(中国穿线师学会 CRSA)等。新媒体的出现为体育传播事业带来了新的发展机遇,为体育新闻传播专业学生提供了很多从业机会。

发展：体育新兴事业

> 体育是事业，事业需要献身；体育是科学，科学需要求真；体育是艺术，艺术需要创新。
>
> ——庄则栋

近 40 年来，我国体育学学科发生了巨大变化，实现了跨越式发展。新时代在"体育强国""健康中国"等国家战略推进下，在新兴学科和交叉学科快速兴起的背景下，融人文科学、社会科学、自然科学和运动科学于一体的体育学必将在前沿交叉科学和未来技术领域有新的发展，催生出一批新兴交叉学科，在促进学科体系、学术体系和话语体系建设同时，发展出许多新兴事业。比如，从全民健身到健康中国，体育与运动大健康、智慧云平台下人工智能（Artificial Intelligence, AI）科技在体育中的运用、体育文创等方面都会带来新的机遇。

▶▶ 体育与大健康

人类对健康的永恒追求与体育运动改善人类体质的独特功能相契合,是体育融入大健康的基础。大健康是根据时代发展、社会需求与疾病谱的改变,而提出的一种全局的理念。它追求的不仅是个体的身体健康,还包含精神、心理、生理、社会、环境、道德等方面的健康。中共中央、国务院于2016年出台了《"健康中国2030"规划纲要》,国家体育总局于2017年发布了《全民健身指南》,将"健康中国战略"与"全民健身国家战略"融合,提出"全人群、全生命周期"的"全民健康",进一步为体育与大健康的融合创造了新的发展机遇。

➡➡ "体医融合"促进康复事业发展

"体医融合"是指在疾病预防、临床治疗和康复各阶段中,相关人员将医学和体育学的专业知识、方法、手段综合应用,促进全民健康的手段和健康干预模式,"体医融合"贯穿人的生命全周期。过去"体不懂医,医不重体",实质上,"体医融合"不仅能够解决人口老龄化的健康问题,减少慢性病,而且为国家节约人力资源、社会资源,为康复事业发展提供了非常好的历史契机。

✥✥ "体医融合"政策支持

《"健康中国2030"规划纲要》中明确指出:"加强体医融合和非医疗健康干预。发布体育健身活动指南,建立完善针对不同人群、不同环境、不同身体状况的运动处方库,推动形成体医结合的疾病管理与健康服务模式,发挥全民科学健身在健康促进、慢性病预防和康复等方面的积极作用。"通过"体医融合"的方式对疾病人群进行积极康复、加速康复进程、减少康复成本,以推进健康中国建设,保障人民健康,提高健康水平,实现全民健康。

✥✥ "体医融合"发展前景

"体医融合大有可为。"运动处方式的健康干预可广泛应用于抑郁障碍、心肺康复、慢性病治疗、心血管疾病治疗等方面,并且效果显著。正如北京体育大学运动医学教授、中国体育科学学会运动医学分会委员王正珍所说:"慢性病人通过运动可以使病情得到明显的缓解,有些甚至可以逆转,恢复到正常状态。即使是得了非常严重的病,例如心肌梗死,仅靠医学手段,如心脏搭桥或溶栓,减少二次心肌梗死的概率为17%~21%,如果加上科学运动,可以使得二次心肌梗死的风险下降40%以上。"曾任美国梅奥医学中心呼吸科主任的李光熙说:"梅奥医学中心针对心脏病患者的康复团队中,有8人是运动康复师,占整个团队人数的一半。"清华大学体育与健康科学研究中心建立的健康促进工程研究中心实验室,拥有一整套健康检测、评估及指导系统,可为6~80岁的人群进行体质健康测评及运动处方指导,并可对全身进行监测,提前检测慢性疾病诱发的因素,制定个性化的运动处方,在疾病发生之前完成运动康复治疗,降低疾病发生概率,有助于推进"以疾病为中心"向"以健康为中心"转型。

➡️➡️ "体卫融合"促进健康购买

"体医融合"侧重于以运动治疗疾病,"体卫融合"则是融入了通过运动预防疾病的概念。通过运动增强体质,能够预防慢性病的发生,控制一些慢性病的发病率,能给国家和个人带来很大的益处。运动可以使人少得病、晚得病或者不得重病,因此,国家推动健康关口前移,促进科学健身指导。从"医"到"卫",意味着从"被动医疗"转向"主动健康"。

✣✣ "体卫融合"政策支持

2021年,《中华人民共和国国民经济和社会发展第十四个五年规划和2035年远景目标纲要》中将推动健康关口前移,深化体教融合、体卫融合、体旅融合,放在建设体

育强国战略的突出位置。《全民健身计划(2021—2025年)》在实施中明确提出推动"体卫融合";探索建立体育和卫生健康等部门协同、全社会共同参与的运动促进健康模式。推动"体卫融合"服务机构向基层覆盖延伸,支持在社区医疗卫生机构中设立科学健身门诊;推进"体卫融合"理论、科技和实践创新,推广常见慢性病运动干预项目和方法;推广"体卫融合"发展典型经验。

✤✤ "体卫融合"发展前景

"体卫融合"是一种理念的更新,健康关口前移更是"体卫融合"的重点。我国为了推动健康关口前移,设立科学健身门诊,主要是针对目前身体健康的人群,指导他们科学运动,防止运动损伤。在运动康复纳入医保基础上,将运动健身纳入医保行业,是未来值得探索的前景。据英国《每日快报》(*The Essential Daily Briefing*)报道,英国鼓励老年人进行规律运动,10年预计能为医保系统节省76亿英镑;上海体育学院经济管理学院教师史小强介绍,2017年全民健身日提出"运动银行"概念,专为线上运动和健身人群开发,类似运动人群的"运动财产账户",可通过运动数据兑换实物或者进行非实物的体育消费,以此推动健康关口前移。

➡➡ "全民健康"促进"体育＋生态康养"

全民健康是建设健康中国的根本目的。我国立足全人群和全生命周期两个着力点，使全体人民享有所需要的、有质量的、可负担的预防、治疗、康复、健康促进等健康服务，突出解决好妇女、儿童、老年人、残疾人、低收入人群等重点人群的健康问题，全面维护人民健康。"体育＋生态康养"是指以生态环境为依托，以体育干预为主要手段，结合医疗、养生、食疗等理念，以治未病、治慢病、健康管理为主要目的，对健康人群以及老年人、残疾人、慢性病患者等弱势群体进行运动处方式干预，并进行产业化管理的一种新兴服务业。"体育＋生态康养"产业为全民健康提供了落脚点，特别是重点人群的健康问题能够得到有效舒缓，全面维护人民健康。

✥✥ "体育＋生态康养"政策支持

2016年，全国卫生与健康大会提出推动全民健身和全民健康深入融合的思想，认为现阶段的健康观应该把"以治病为中心"转变为"以人民健康为中心"，引导全体人民参与体育运动，远离疾病，全员向不得病、少得病、晚得病的方向努力。康养产业作为新形态产业被催生出

来。《"健康中国 2030"规划纲要》《中国防治慢性病中长期规划(2017—2025 年)》《全民健康生活方式行动方案 2017—2025 年》等国家政策为体医康养融合创造了健康支持环境。

✤✤ "体育＋生态康养"发展前景

随着社会经济的快速发展,处于亚健康状态的人群规模非常庞大,社会"文明病"现象较为普遍;此外,第七次全国人口普查显示,60 岁及以上人口已达 2.64 亿,占总人口的 18.70%,预计"十四五"时期将突破 3 亿人,我国将从轻度老龄化进入中度老龄化阶段。现代城市"文明病"和亚健康的状态,以及老龄化结构人群特征,为生态康养带来较好的需求环境;运动干预、医疗救治、健康管理、生态养生四位一体的综合模式也会带动体育特色小镇、康养旅游、康乐服务等产业的发展,未来"体育＋"的健康模式将会有广泛的应用前景。

▶▶ 体育与 AI 数字科技

人工智能是一门在计算机科学、控制论、信息论、系统科学、哲学等多种学科基础上发展起来的,能够模拟、延伸、扩展人类智能的学科[①],人工智能在 1955 年首次被学者提出。体育从一开始就是人工智能的天然实验场所。1962 年,IBM 的程序战胜了盲人跳棋高手。2016 年,谷歌的围棋人工智能程序与世界围棋冠军大战,人工智能以 4∶1 的成绩获胜,引起了人们对体育与人工智能的关注。近几年,体育行业的发展呈现出了数字化、智能化的趋势,AI 数字科技不断渗透进体育行业,帮助体育行业突破种种瓶颈。体育与 AI 数字科技多次被写入国家相关政策文件。

➡➡ 体育与 AI 数字科技发展的政策支持

《"十三五"国家科技创新规划》和《"十三五"国家战略性新兴产业发展规划》等文件都将人工智能作为战略发展重点。2017 年,国务院印发《新一代人工智能发展规划》,将人工智能上升到国家战略层面。顶层设计也日趋重视智能体育的建设,2019 年,《体育强国建设纲要》提出"加快推动互联网、大数据、人工智能与体育实体经济深度融合";国务院办公厅《关于促进全民健身和体育消费推动体育产业高质量发展的意见》进一步指出:"推动智

---

① 路来冰,李小龙.人工智能技术在国际体育运动领域的聚类与演化[J].山东体育学院学报,2020,36(03):21-32.

能制造、大数据、人工智能等新兴技术在体育制造领域应用;支持以冰雪、足球、篮球、赛车等运动项目为主体内容的智能体育赛事发展。"毋庸置疑,这些政策的出台标志着智能体育已开启未来。人工智能作为新动力,将在传统体育行业掀起新的生产力变革,为竞技体育水平的提升、体育商业化、全民健身带来翻天覆地的变化。

➡➡ 体育与 AI 数字科技发展的前景分析

中商产业研究院发布的数据显示,我国人工智能市场规模在持续增长,从 2016 年 154 亿元增长至 2020 年的 1 280 亿元,年复合增长率达到 69.79%。搜狐体育的数据显示,在智能体育起步初期,截至 2016 年上半年,该领域新创业项目数量已达到 667 个,获得资本市场投资的项目有 251 个,其中可统计时间的融资事件 239 起,披露的融资金额有 217 亿元。有专家预测,体育产业将成为 21 世纪世界四大产业之一。在体育产业发达的北美、西欧和日本等地区,体育产业已成为支柱产业。中国已迈入"十四五"时期,力争到 2025 年中国体育产业总规模超过 5 万亿元,到 2035 年体育产业成为国民经济支柱性产业。因此,体育与人工智能的融合将会培育体育产业新动能,优化体育产业内部发展结构,改变体育产业发展方式,为现代化生活带来新的应用前景。

❖❖ 人工智能推动体育用品智能升级,应用于各个运动领域

体育用品是体育产业的重要构成部分,也是基础链条。体育用品主要指的是辅助体育运动的用品,包括运动服、体育运动防护用品、运动器材、运动智能设备等。随着人工智能的出现,体育用品将会全方位升级,广泛应用于竞技体育和全民健身群众体育中。比如,竞技体育中高台滑雪运动员头戴装置提升肌肉训练效果、仿生材料游泳衣制作等;全民健身中智能健身房的兴起,通过人脸识别、可穿戴设备完成门禁等自主化产品服务,通过智能设备实时显示运动数据;还有智能手环、智能眼镜、智能跑鞋等智能运动产品以及智能场馆、智能步道的出现,让运动参与者能实时、真实地记录自己的运动过程,形成系统性认识,甚至能通过智能化的数据分析,为自己制订相应的运动计划,摆脱盲目、无计划的运动方式。跑步用咕咚和Keep、睡觉靠手环、健身可预约已经是很多运动达人的标配。

❖❖ 人工智能拓展虚实结合应用新场景,促进体育资源重组

以人工智能为底层架构的技术支撑,通过虚实融合界面实现增强现实(AR)、虚拟现实(VR)、混合现实

(MR)及脑机接口为用户提供虚实结合的沉浸式场景[1]，重塑全民健身、竞技体育、体育教育模式，促进体育资源重组。比如，竞技体育中打造虚拟训练场地场景，根据数据信息反馈，构建虚拟对抗比赛；通过多维教学空间，让学生在特定设计的体育运动场景中进行立体式体验，提升体育教育质量；通过AI＋VR大数据精准推动、场景化营销等形式赋能体育产业内容，提供技术方案和解决方案，并以音响载体、视觉载体、屏幕载体做纵向延伸，实现视频网站、VR设备、手持设备、院线实体、短视频的生产、虚拟生产、终端娱乐屏幕覆盖。

✥✥ 人工智能变革信息传媒，提供更多决策服务

人工智能在体育领域的应用不仅限于提高运动员的赛场表现，还将革新决策模式。正如微软首席执行官萨提亚·纳德拉所说："世界上恐怕不会有任何一个其他的产业像体育一样，被数据和电子科技如此彻底地颠覆掉。"人工智能广泛应用于评估球队与球员、构建人才队伍、制定战术和战略、协助裁判进行判罚、优化赛事转播等各项服务系统。比如，2022年美职篮总冠军金州勇士

---

[1] 黄谦,王欢庆,李少鹏.体育未来发展的逻辑重构与实践展望[J].西安体育学院学报,2022,39(02):129-135.

队被业界称为"美职篮中的谷歌",大量运用人工智能和数据分析进行训练及临场战术的制定;人工智能芯片可以快速完成大型赛事识别和安全防控,有效运转赛事;Vento品牌率先将智能教练搬进线下健身房,成为首家人工智能健身房,所有器械均为人工智能器械,原来的2个小时传统健身缩短至15分钟;2018年,国际足联世界杯期间FOX Sports不仅对比赛进行实时转播,还及时上线了基于AI技术的Highlight Machine项目——可帮助球迷在几秒钟之内创建并共享自己定制化的精彩片段集锦;等等。

▶▶ 体育与文创

体育文创是将体育文化、体育创意和体育产业三者结合起来,运用独特的"体育文化+强大的跨界合作",通过开发具有一定体育项目特点、体育代表队文化、赛事特征的体育用品、衍生纪念品以及极具辨识度的IP等,打造专属名片增加体育项目的曝光度及传播广度,使更多人关注到体育项目本身,从而提高居民参与体育活动的积极性。简言之,体育文创就是运用人类的创意结合体育运动特点而产生的衍生品,能够在一定程度上宣扬体育文化,提升体育项目的知名度,提高群众的运动参与度

和购买力。我国体育文创虽然处于初级阶段，但 2022 年北京冬奥会凭借其影响力大、附加值高的特征成为我国体育文创发展的助推器，为体育文化创意产业提供了良好的发展平台，也为今后体育文创做出了很好的示范与引领。

➡➡ 体育与文创发展的政策支持

2014 年，国务院印发的《关于推进文化创意和设计服务与相关产业融合发展的若干意见》提出："促进体育衍生品创意和设计开发，推进相关产业发展。坚持正确的文化产品创作生产方向，着力提升文化产业各门类创意和设计水平及文化内涵。"2019 年，国务院办公厅颁发的《体育强国建设纲要》要求："丰富体育文化产品。实施体育文化创作精品工程，创作具有时代特征、体育内涵、中国特色的体育文化产品，鼓励开展体育影视、体育音乐、体育摄影、体育美术、体育动漫、体育收藏品等的展示和评选活动。"近几年，各地方政府将文化局、旅游局、广电局、体育局正式合并为文化旅游广电体育局，进一步促进了体育与文创融合发展。

➡➡ 体育与文创发展的前景分析

创意思想的先驱约瑟夫·熊比特曾经指出，现代经济发展的根本动力在于创新，认为一切新产品、新市场、新机会都在新鲜的创意中衍生而出。体育与文创发展的前景包括：经典体育赛事进行 IP 等多维产品开发；体育生活便民化设计；体育旅游、体育文娱等多领域进行体育与文创融合。

❖❖ 体育赛事 IP 深度开发，形成全周期多维产品

IP（intellectual property）即知识产权，体育赛事 IP 也就是体育赛事产权及其衍生产品，是体育产业的核心产品。从周期角度来看，可以围绕体育赛事 IP 文化进行深度开发，形成前期推广、中期体验、后期分享的文化植入。比如，前期将赛事精神内涵与民族文化特质转化为会徽、吉祥物、奖牌、火炬、体育图标、场馆设计以及具有时代特色的开闭幕式等视觉媒介，甚至在赛事选拔期间对赛事文化传播进行推广。中期可以孵化出赛事旅游，即众多体育爱好者（足球迷、篮球迷等）因某项国际知名体育赛事去往居住地以外的地方观赛、旅游以及去往相关场所（地标性场馆、体育博物馆、名人堂等）的活动；参与者的比赛游，即游客以体育项目参与者的身份前往居住地以外的地方进行比赛和练习，如国际马拉松赛、自行车赛、高尔夫赛、滑雪赛等。后期纪念品分享，比如火炬、奖牌、纪念邮品、纪念币、器材、服装等。文创产品的开发是多维的，比如运动器材（装备）研发，运动服装（饰品）研

发,体育文化动漫产品及周边衍生产品开发(比如冰墩墩、雪容融),文化电子游戏机仿真运动体验产品开发(比如模拟体验的滑雪),文创产业园开发(比如首钢老工业区文化复兴)等。这些全周期多维产品开发将为体育文创带来无限的发展空间,从文化到产品再到产业,实现新的突破。北京冬奥会仅冰墩墩这一文创产品,销售额就达 25 亿元,"奥运效应"下,"一墩难求"成为经典的文化现象。

✦✦ 体育文创生活化,从商机转化为商业

文创设计突出"全民健身、全民健康"内容,围绕体育赛事、体育教育、体育文化活动、体育相关产业等方向开发创新,为群众体育生活提供便利,促进人们参与体育锻炼。比如,中国体育文创设计大赛银奖"共享储物柜"解决了篮球赛时手机、眼镜、钥匙、钱包保管问题;"智能羽毛球训练装备"减少了初学者对陪练的依赖性;"村跑"将户外跑、美丽乡村、特色体育小镇旅游相结合;FOOXMET 风暴系列为户外爱好者设计出适应户外活动环境变化的衣服,从商机转化为商业,应用于市场。

✦✦ 体育文创旅游,形成产业发展新趋势

体育文创旅游是文化创意与体育旅游的结合。随着

经济发展和消费者需求层次提高,体育旅游产业已逐渐普遍化,体现出对文化的高度依赖,因此对文化进行创意加工,与体育旅游相结合成为新的趋势。比如,《禅宗少林·音乐大典》以经典的少林文化作为背景,将少林文化通过演绎手段表达,让游客感受少林文化底蕴与内涵,产生体育内涵游;再比如"体育牵引、文化赋能、旅游带动"下的京张体育文化旅游带,以冬奥体育项目资源为起点,世界文化遗产最多的五朝古都北京、边塞文化和草原文化发源地张家口的深厚文化底蕴赋能,带动体育旅游。

❖❖ 体育文娱跨界融合,开辟新的发展方向

"体娱不分家",体育从游戏诞生起就有娱乐性,体育本身就是娱乐,是娱乐的一个分支,因此"体育+娱乐"的结合,能够产生好的共鸣,未来也具有广阔的发展前景。比如,《这!就是灌篮》让人们感受到了美职篮和中职篮之外的精彩,实现了娱乐和体育的高度融合,还帮助球员实现从草根到明星,甚至是走向职业赛场的华丽转身;《这!就是铁甲》以科技娱乐驱动机器人格斗未来超级赛事、《超新星全运会》、超级企鹅名人赛黄金联赛等都是体娱结合创新的新模式。

参考文献

[1] 方千华，等. 体育学基本理论与学科体系建构：逻辑进路、研究进展与视域前瞻 [J]. 体育科学，2017，37(06)：3-20.

[2] 岳元德. 体育名言研究 [J]. 体育文化导刊，2016，4(04)：196-199.

[3] 刘一民. 体育存在的生命意义与表达 [J]. 武汉体育学院学报，2015，49(04)：12-16.

[4] 于素梅. 运动需求理论建构——兼论学校体育运动项目分类 [J]. 体育学刊，2019，26(06)：1-7.

[5] 田麦久. 运动训练学 [M]. 北京：人民体育出版社，2000.

[6] 李江. 世界体育项目分类与比较研究 [J]. 北京农

学院学报，1997，12(01)：74-77.

[7] 陆小聪. 论 Sport 概念的演变与发展[J]. 天津体育学院学报，1997，12(02)：40-42.

[8] 郭振，刘波. 历史社会学视野下的 PLAY，GAME，SPORT 形态演变分析[J]. 天津体育学院学报，2010，25(01)：73-75.

[9] 秦丽梅. 各种运动项目的起源[J]. 当代体育科技，2012(02)：81-82.

[10] 董虫草. 胡伊青加的游戏理论[J]. 浙江大学学报，2005，35(03)：48-55.

[11] 黄艳. 浅析"体育"与"sport"的差异[J]. 佳木斯教育学院学报，2011，107(05)：321-324.

[12] 海德格尔. 存在与时间[M]. 陈嘉映，王庆节，译. 北京：生活·读书·新知三联书店，2014：5.

[13] 付杰. 体育概念的存在论建构[J]. 山东体育学院学报，2020，36(06)：97-102.

[14] 赵宏. 体育对人的经验改造及促进人的社会化关系[J]. 上海体育学院学报，2003，27(06)：31-32.

[15] 田荣和. 试论体育在人的社会化过程中的作用

[J]. 辽宁教育研究，2003(11)：92-93.

[16] 李翠霞，常乃军，赵岷. 人的全面发展视域下体育对人的社会化的作用研究［J］. 山西大同大学学报，2016，32(01)：80-85.

[17] 周兵，江宇. 体育与人的现代化［J］. 成都体育学院学报，2000，26(06)：25-37.

[18] 智文华. 人的全面发展中体育的功能定位与实践逻辑研究［D］. 山西师范大学，2017.

[19] 张良，罗生全. 论"用以致学"：指向素养发展的教学认识论［J］. 华东师范大学学报，2021，39(02)：40-48.

[20] 于永晖，高嵘. 体育素养的概念与内容构成辨析［J］. 山东体育学院学报，2019，35(04)：111-117.

[21] 刘鑫羽. 体医融合背景下成年人科学健身素养量表的编制及信效度检验［D］. 保定：河北大学，2021.

[22] 徐本力. 试论"现代体育健身观"［J］. 山东体育学院学报，2009，25(10)：1-7.

[23] 刘平. 如何正确理解现代运动训练负荷安排的适宜负荷原则［J］. 科技信息，2013(06)：305.

[24] 杨国庆.整合分期：当代运动训练模式变革的新思维[J].体育科学，2020，40(04)：3-14.

[25] 胡亦海.现代运动训练方法的演进及其启迪[J].中国体育教练员，2021，29(04)：3-8.

[26] 李少丹,惠民.运动竞赛学[M].北京：北京体育大学出版社，2005：7.

[27] 张洪钺,孟宪.现代控制理论(第2册)：最优控制理论[M].北京：北京航空学院出版社，1987：4.

[28] 张婕,刘建和.基于"精确控制"与"模糊控制"的运动竞赛过程最优化控制理论[J].成都体育学院学报，2019，45(05)：87-93.

[29] 王高阳.完全人格，首在体育——蔡元培体育思想探析[D].湖南师范大学，2016.

[30] 张志勇.体育与人格教育刍议[J].山东体育学院学报，2011，27(02)：33-36.

[31] 贾天奇.论体育对学生个体人格发展的影响[J].体育文化导刊，2006(05)：69-70.

[32] 周建东,于涛."体育学"概念研究之研究[J].体育学刊，2017，24(01)：1-6.

[33] 李博. 中国体育学演进历程探析——基于学科建构路径理论[J]. 武汉体育学院学报, 2021, 55(11): 5-12.

[34] 鲁威人. 体育学[M]. 北京: 清华大学出版社, 2016.

[35] 王颢霖. 从学科交叉与分化管窥近代中国体育学演进发展[J]. 体育科学, 2015, 35(06): 3-12.

[36] 何娟, 等.《幼学操身》: 清末第一本体育教科书的内涵与启示[C]. 中国体育科学学会, 2015: 2.

[37] 陈晴, 宋广成.《幼学操身》的内涵解读与当代启示[J]. 体育文化导刊, 2016(09): 143-147.

[38] 李凤梅. 中国近代体育图书发展之管见[J]. 体育科学, 2016, 36(05): 24-32.

[39] 周登嵩. 学校体育学[M]. 北京: 人民体育出版社, 2004: 13.

[40] 张姗. 我国体育学科发展历程研究[D]. 长沙: 湖南师范大学, 2014.

[41] 许红峰, 等. 建国初期我国体育科技发展的历史回眸[J]. 中国体育科技, 2000(10): 4-8.

[42] 王颢霖. 中国体育学百年演变[D]. 福州：福建师范大学，2014：109.

[43] 王雷. 论体育学的学科特征[D]. 福州：福建师范大学，2017.

[44] 全胜. 基于学术交流理论的体育科技社团历史演变及当代趋势研究[D]. 福州：福建师范大学，2013：132.

[45] 李博. 学科交叉视域下我国体育学知识演化的多维研究[D]. 福州：福建师范大学，2018(06)：62.

[46] 池建. "体育学"列入"国家社科基金"独立门类的历程回顾[J]. 北京体育大学学报，2018，41(10)：62-65.

[47] 康宁，张其龙，苏慧斌. "985工程"转型与"双一流方案"诞生的历史逻辑[J]. 清华大学教育研究，2016，37(05)：11.

[48] 浦义俊. 曼德拉体育思想与实践研究[J]. 体育文化导刊，2011(01)：18.

[49] 习近平. 在科学家座谈会上的讲话[M]. 北京：人民出版社，2020：1-14.

[50] ENGIN A，VETSCHERA R. Information repre-

sentation in decision making: The impact of cognitive style and depletion effects [J]. Dec Supp Syst, 2017(103): 94-103.

[51] KILLGORE WDS, OLSON EA, WEBER M. Physical exercise habits correlate with gray matter volume of the hippocampus in healthy adult humans [J]. SciRep, 2013, 3(1): 3457.

[52] 吴殷,等. 不同类型运动项目对运动员大脑结构可塑性变化研究 [J]. 体育科学, 2015, 35(04): 52-56.

[53] STRASSER B, FUCHS D. Role of physical activity and diet on mood, behavior, and cognition [J]. Neurol Psychiatry Brain Res, 2015, 21(3): 118-126.

[54] 蔡春先, 张运亮. 运动改善大脑执行功能机制的研究进展 [J]. 成都体育学院学报, 2019, 45(06): 120-126.

[55] 路毅, 邓文冲. 不同运动方式对大脑结构及认知功能的调节作用及差异 [J]. 中国组织工程研究, 2021, 25(20): 3252-3258.

[56] STIMPSON NJ，DAVISON G，JAVADI AH. Joggin' the Noggin：Towards a Physiological Understanding of Exercise-Induced Cognitive Benefits [J]. Neurosci Biobehav Rev，2018(88)：177-186.

[57] 叶浩生，曾红，杨文登. 生成认知：理论基础与实践走向 [J]. 心理学报，2019，51(11)：1270-1280.

[58] MASTERS R S W，PAPINEAU D，SHAPIRO L A，et al. Handbook of Embodied Cognition and Sport Psychology [M]. Massachusetts：MIT Press，2019：254.

[59] 叶浩生. 身体的意义：从现象学的视角看体育运动的认识论价值 [J]. 体育科学，2021，41(01)：83-88.

[60] 易剑东. "双奥之城"的历史意蕴、时代使命及未来愿景 [J]. 西安体育学院学报，2022，39(03)：1-19.

[61] 李平平，王雷. 对《国际体育教育、体育活动与体育运动宪章》的解读与思考 [J]. 北京体育大学学报，2016.

[62] 黄海燕. 新时代体育产业助推经济强国建设的作用与策略 [J]. 上海体育学院学报，2018，42(01)：20-26.

[63] 黄谦,王欢庆,李少鹏. 体育未来发展的逻辑重构与实践展望——从元宇宙概念谈起[J]. 西安体育学院学报,2022,39(02):129-135.

[64] 陈小平. 科技助力体育运动创新[N]. 人民日报,2022-02-23(16).

[65] 林琼,危玮. 中国代表呼吁国际社会将体育融入全球发展合作议程[EB/OL].

[66] 林伟彬. 论体育文化交流对"一带一路"国家间民心相通的作用[D]. 广州:广东外语外贸大学,2018.

[67] 王少春,等. 中外体育文化相遇的发展格局[J]. 体育科学,2011,31(05):79-85.

[68] 马军. 体育全球化与文化认同[D]. 广州:华南师范大学,2007.

[69] 谢季萍. 默会知识论域下综合实践活动课程知识观研究[D]. 杭州:杭州师范大学,2020.

[70] 全海英,于文谦,王小媛. 试论新时期中国体育的发展方向——"人文体育"[J]. 广州体育学院学报,2005,25(04):12-14.

[71] 席玉宝. 试论体育学科的分类[J]. 西安体育学院学报,2020,37(01):59-65.

[72] 杨文轩，陈琦. 体育概论［M］. 2版. 北京：高等教育出版社，2013：8.

[73] 王晓微. 成就·经验·反思·构建：中国体育学若干重要议题探骊——黄汉升教授学术访谈［J］. 北京体育大学学报，2021，44(12)：1-23.

[74] 姚小岩. 体育类学术型与专业型硕士研究生培养现状与对策研究——以河南大学为例［D］. 开封：河南大学，2017.

[75] 刘斌，葛存兵. 体育教师的职业特性及其对体育教师专业化的启示［J］. 体育学刊，2017，24(05)：106-110.

[76] 郭锦欢. 新时代幼儿体育教师素质需求调查及培养路径研究［D］. 长春：吉林体育学院，2020.

[77] 何珍文，等. 论体育本体产业结构与体育学专业毕业生就业结构的关系［J］. 北京体育大学学报，2009，32(12)：79-81.

[78] 夏成前. 运动与健康：跨学科语境的追求［J］. 体育与科学，2014，35(06)：119-122.

[79] 刘海平，汪洪波. "体医融合"促进全民健康的分析与思考［J］. 首都体育学院学报，2019，31(05)：454.

[80] 徐新建，秦德平. 健康中国背景下生态康养产业"体育＋"融合路径研究[J]. 龙岩学院学报，2020，38(05)：98-104.

[81] 郑芳，徐伟康. 我国智能体育：兴起、发展与对策研究[J]. 体育科学，2019，39(12)：14-24.

[82] 邵莹欣，唐东阳. "体育＋"背景下体育产业融合文化创意的意义及发展路径[C]. 第十二届全国体育科学大会论文集，2022(03)：7251-7253.

[83] 刘建明，等. 北京冬奥会遗产视域下京张体育文化旅游带可持续发展探究[J]. 体育文化导刊，2022(05)：35-41.

[84] 广东、广西、湖南、河南辞源修订组，商务印书馆编辑部编. 辞源[M]. 北京：商务印书馆，1995：31.

[85] 中国大百科全书总编辑委员会《体育》编辑委员会. 中国大百科全书·体育[M]. 北京：中国大百科全书出版社，1982：12，361.

[86] 中共中央著作编译局. 马克思恩格斯全集[M]. 北京：人民出版社，1972：372.

[87] Klaus V Meier. Triad Trickery：Playing with Sport and Games[J]. Journal of the Philosophy of

Sport, 1988: 11-30.

[88] 马克思. 1844年经济学哲学手稿[M]. 北京: 人民出版社, 1979.

[89] BARRY A. Knowledge and Civilization[M]. Oxford: Westview Press, 2004.

[90] 中华人民共和国学位与研究生工作文件选编. 中华人民共和国学位条例[Z]. 北京: 北京航空航天大学出版社, 1980: 123-125.

[91] 国务院学位委员会办公室. 高等学校和科研机构授予博士和硕士学位的学科、专业目录[Z]. 北京: 北京航空航天大学出版社, 1983: 77-78.

[92] 李宜岚. 元宇宙背景下体育赛事传播创新研究[J]. 新闻研究导刊, 2022, 13(05): 13-15.

[93] 易剑东. 体育职业概论[M]. 上海: 复旦大学出版社, 2013.

[94] 路来冰, 李小龙. 人工智能技术在国际体育运动领域的聚类与演化[J]. 山东体育学院学报, 2020, 36(03): 21-32.

后 记

壬寅年三月,我有幸受到大连理工大学出版社的邀约,参与这套丛书的编著。同年五月,在与出版社编辑多次商讨之下,最终确定了写作的具体方向,于是开启笔耕不辍的创作历程。

国家正在经历着从倡导体育兴国到迈入体育大国,再到建设体育强国的历史变革,而我一直从事体育相关的教学、研究工作,结合自身体育习得经验、教学感悟、研究心得,曾发表了一些论文,也写过一些著作,但如此全面、宏观地诠释体育学,还是得益于出版社给予的这次机会。习近平总书记在哲学社会科学工作座谈会上指出,必须"加快构建中国特色哲学社会科学学科体系、学术体系、话语体系",作为与体育结缘近四十年的体育工作者,我觉得有必要借此机会,为体育学发声,也为更多的人了解体育学的过去、现在与未来尽一己之力。

本书基于体育学未来发展的角度,对体育学缘起、体育学体系、体育学发展进行了全面阐述:从内在本质到外在表象,从近代起源到现代发展,从现象到功能,从宏观、中观、微观体系到本科生及硕士、博士研究生培养,从就业导向和未来发展到职业选择与事业走向。本书的完成,得到了诸多挚友、学者的协助,尤其得益于我的博士研究生王昌友的努力与付出。特别感谢王昌友沥尽心血在书的创作上给予的帮助;也感谢团队成员司亚莉的辛勤付出,她搜集了大量的历史文献,为本书的写作提供了丰富的资料;当然更感谢的是大连理工大学出版社相关领导和编辑的大力支持,正是她们的悉心编校和细致点拨,使本书得以及时地呈现给读者。

本书是对体育学相关问题的系统阐述,具有深入浅出、实用具体、生动直观等特点,既为将要走进大学、面临选报专业的高中生,也为即将走出校门就业的大学生,还为体育学研究者以及体育教育工作者提供参考。由于体育项目多、体育现象杂、体育原理深,本书难免有不足之处,还请广大读者批评指正。

相信借此出版机会,我们与体育工作者和体育学研究者共同迎来体育学三大体系建设的新起点,为新时代体育事业高质量发展提供更多新生力量,为建设体育强国提供更大支持!

于素梅
2023 年 1 月于中国教育科学研究院

"走进大学"丛书书目

什么是地质?	殷长春	吉林大学地球探测科学与技术学院教授(作序)
	曾　勇	中国矿业大学资源与地球科学学院教授
		首届国家级普通高校教学名师
	刘志新	中国矿业大学资源与地球科学学院副院长、教授
什么是物理学?	孙　平	山东师范大学物理与电子科学学院教授
	李　健	山东师范大学物理与电子科学学院教授
什么是化学?	陶胜洋	大连理工大学化工学院副院长、教授
	王玉超	大连理工大学化工学院副教授
	张利静	大连理工大学化工学院副教授
什么是数学?	梁　进	同济大学数学科学学院教授
什么是大气科学?	黄建平	中国科学院院士
		国家杰出青年基金获得者
	刘玉芝	兰州大学大气科学学院教授
	张国龙	兰州大学西部生态安全协同创新中心工程师
什么是生物科学?	赵　帅	广西大学亚热带农业生物资源保护与利用国家重点实验室副研究员
	赵心清	上海交通大学微生物代谢国家重点实验室教授
	冯家勋	广西大学亚热带农业生物资源保护与利用国家重点实验室二级教授
什么是地理学?	段玉山	华东师范大学地理科学学院教授
	张佳琦	华东师范大学地理科学学院讲师
什么是机械?	邓宗全	中国工程院院士
		哈尔滨工业大学机电工程学院教授(作序)
	王德伦	大连理工大学机械工程学院教授
		全国机械原理教学研究会理事长
什么是材料?	赵　杰	大连理工大学材料科学与工程学院教授

什么是自动化？	王　伟	大连理工大学控制科学与工程学院教授
		国家杰出青年科学基金获得者（主审）
	王宏伟	大连理工大学控制科学与工程学院教授
	王　东	大连理工大学控制科学与工程学院教授
	夏　浩	大连理工大学控制科学与工程学院院长、教授
什么是计算机？	嵩　天	北京理工大学网络空间安全学院副院长、教授
什么是土木工程？		
	李宏男	大连理工大学土木工程学院教授
		国家杰出青年科学基金获得者
什么是水利？	张　弛	大连理工大学建设工程学部部长、教授
		国家杰出青年科学基金获得者
什么是化学工程？		
	贺高红	大连理工大学化工学院教授
		国家杰出青年科学基金获得者
	李祥村	大连理工大学化工学院副教授
什么是矿业？	万志军	中国矿业大学矿业工程学院副院长、教授
		入选教育部"新世纪优秀人才支持计划"
什么是纺织？	伏广伟	中国纺织工程学会理事长（作序）
	郑来久	大连工业大学纺织与材料工程学院二级教授
什么是轻工？	石　碧	中国工程院院士
		四川大学轻纺与食品学院教授（作序）
	平清伟	大连工业大学轻工与化学工程学院教授
什么是海洋工程？		
	柳淑学	大连理工大学水利工程学院研究员
		入选教育部"新世纪优秀人才支持计划"
	李金宣	大连理工大学水利工程学院副教授
什么是航空航天？		
	万志强	北京航空航天大学航空科学与工程学院副院长、教授
	杨　超	北京航空航天大学航空科学与工程学院教授
		入选教育部"新世纪优秀人才支持计划"
什么是生物医学工程？		
	万遂人	东南大学生物科学与医学工程学院教授
		中国生物医学工程学会副理事长（作序）
	邱天爽	大连理工大学生物医学工程学院教授
	刘　蓉	大连理工大学生物医学工程学院副教授
	齐莉萍	大连理工大学生物医学工程学院副教授

什么是食品科学与工程？		
	朱蓓薇	中国工程院院士
		大连工业大学食品学院教授
什么是建筑？	齐　康	中国科学院院士
		东南大学建筑研究所所长、教授（作序）
	唐　建	大连理工大学建筑与艺术学院院长、教授
什么是生物工程？	贾凌云	大连理工大学生物工程学院院长、教授
		入选教育部"新世纪优秀人才支持计划"
	袁文杰	大连理工大学生物工程学院副院长、副教授
什么是哲学？	林德宏	南京大学哲学系教授
		南京大学人文社会科学荣誉资深教授
	刘　鹏	南京大学哲学系副主任、副教授
什么是经济学？	原毅军	大连理工大学经济管理学院教授
什么是社会学？	张建明	中国人民大学党委原常务副书记、教授（作序）
	陈劲松	中国人民大学社会与人口学院教授
	仲婧然	中国人民大学社会与人口学院博士研究生
	陈含章	中国人民大学社会与人口学院硕士研究生
什么是民族学？	南文渊	大连民族大学东北少数民族研究院教授
什么是公安学？	靳高风	中国人民公安大学犯罪学学院院长、教授
	李姝音	中国人民公安大学犯罪学学院副教授
什么是法学？	陈柏峰	中南财经政法大学法学院院长、教授
		第九届"全国杰出青年法学家"
什么是教育学？	孙阳春	大连理工大学高等教育研究院教授
	林　杰	大连理工大学高等教育研究院副教授
什么是体育学？	于素梅	中国教育科学研究院体育美育教育研究所副所长、研究员
	王昌友	怀化学院体育与健康学院副教授
什么是心理学？	李　焰	清华大学学生心理发展指导中心主任、教授（主审）
	于　晶	曾任辽宁师范大学教育学院教授
什么是中国语言文学？		
	赵小琪	广东培正学院人文学院特聘教授
		武汉大学文学院教授
	谭元亨	华南理工大学新闻与传播学院二级教授
什么是历史学？	张耕华	华东师范大学历史学系教授
什么是林学？	张凌云	北京林业大学林学院教授
	张新娜	北京林业大学林学院副教授

什么是动物医学?	陈启军	沈阳农业大学校长、教授
		国家杰出青年科学基金获得者
		"新世纪百千万人才工程"国家级人选
	高维凡	曾任沈阳农业大学动物科学与医学学院副教授
	吴长德	沈阳农业大学动物科学与医学学院教授
	姜　宁	沈阳农业大学动物科学与医学学院教授
什么是农学?	陈温福	中国工程院院士
		沈阳农业大学农学院教授(主审)
	于海秋	沈阳农业大学农学院院长、教授
	周宇飞	沈阳农业大学农学院副教授
	徐正进	沈阳农业大学农学院教授
什么是医学?	任守双	哈尔滨医科大学马克思主义学院教授
什么是中医学?	贾春华	北京中医药大学中医学院教授
	李　湛	北京中医药大学岐黄国医班(九年制)博士研究生
什么是公共卫生与预防医学?		
	刘剑君	中国疾病预防控制中心副主任、研究生院执行院长
	刘　珏	北京大学公共卫生学院研究员
	么鸿雁	中国疾病预防控制中心研究员
	张　晖	全国科学技术名词审定委员会事务中心副主任
什么是药学?	尤启冬	中国药科大学药学院教授
	郭小可	中国药科大学药学院副教授
什么是护理学?	姜安丽	海军军医大学护理学院教授
	周兰姝	海军军医大学护理学院教授
	刘　霖	海军军医大学护理学院副教授
什么是管理学?	齐丽云	大连理工大学经济管理学院副教授
	汪克夷	大连理工大学经济管理学院教授
什么是图书情报与档案管理?		
	李　刚	南京大学信息管理学院教授
什么是电子商务?	李　琪	西安交通大学经济与金融学院二级教授
	彭丽芳	厦门大学管理学院教授
什么是工业工程?	郑　力	清华大学副校长、教授(作序)
	周德群	南京航空航天大学经济与管理学院院长、二级教授
	欧阳林寒	南京航空航天大学经济与管理学院研究员
什么是艺术学?	梁　玖	北京师范大学艺术与传媒学院教授
什么是戏剧与影视学?		
	梁振华	北京师范大学文学院教授、影视编剧、制片人
什么是设计学?	李砚祖	清华大学美术学院教授
	朱怡芳	中国艺术研究院副研究员